作文课

尚爱兰 著

南方出版传媒
花城出版社

图书在版编目(CIP)数据

作文课 / 尚爱兰著. -- 广州：花城出版社，2019.10
ISBN 978-7-5360-9053-8

Ⅰ.①作… Ⅱ.①尚… Ⅲ.①作文课–小学–教学参考资料 Ⅳ.①G624.243

中国版本图书馆CIP数据核字（2019）第202229号

出 版 人：肖延兵
责任编辑：蔡 安 李珊珊 欧阳蘅
特邀编辑：沈 悦
技术编辑：薛伟民 凌春梅
封面设计：尚燕平

书 名 作文课
ZUOWEN KE
出 版 花城出版社
（广州市环市东路水荫路 11 号）
发 行 新经典发行有限公司
经 销 全国新华书店
印 刷 保定市中画美凯印刷有限公司
开 本 920 毫米 × 1270 毫米 32 开
印 张 9.25
字 数 160,000 字
版 次 2019 年 11 月第 1 版 2019 年 11 月第 3 次印刷
定 价 45.00 元

如有印装质量问题，请发邮件至 zhiliang@readinglife.com

目录

第三章 体验童年生活

第四章　作文有技巧

第五章　未来与想象

自序
作文的真相

戏剧中说出真相的人，基本上是不想混了，大概率是说出临终遗言，怕某个秘密被自己带进坟墓。

教教学生写作文，也谓之“作文的真相”，难道有什么惊天大瓜？我想了想，好像轻易可以说出一堆，比如“当今学生的作文能力整体下滑……”“城市学生下滑得更厉害……”，但这也不算什么大瓜。写写作文，并非人命关天，也没有什么血肉横飞的黑幕。所以说，我所谓的“真相”，基本上没有什么负面意思，无非是一点点实情，一点点应对，以及我认为的一点写作秘密。说出来，写出来，也算是我的“职业临终遗言”。

在我的这本书中，有三个样本：“文文”“依依”“铭铭”。文文是男孩，有一定的阅读积累，思维活跃，他的发现对老师也有不少启发；依依是女孩，喜欢唯美的故事，写的东西比较细腻轻柔；铭铭也是男孩，在作文方面没有太多准备，基本上是带着空白的大脑来的……当然这种空白是假性的，只要被唤醒，他也很能写嘛！

如此设置样本，可能会引得一些人不满：凭什么女孩的文风就要细腻，要温柔？但我实在不能兼顾更多，比如还要照顾一下性别平衡什么的。

虽然样本只有三个人，但他们是我教过的所有学生的集合……这本书中，我们的师生对话，全部都不是我编造的、虚拟的、假想的，而都是教学过程中真实的对话实录。

为什么样本是三个小学生？而不是兼顾一下高中生或初中生？其实，我的职业生涯，大部分时间都在和高中生、初中生打交道。他们对作文的诉求不一样，家长的诉求甚至更直接，比如：在作文上不要花太多精力，看看有什么便捷、简单、有效的办法，直接拿高分（他们这样想，也不是他们的问题）。我一己之力改变不了什么，只能尽量满足学生和家长这种多拿分、拿高分的诉求。在这种情形下，我有时抽空研究一下“作文的真相”，但比较难：样本被污染了。

我的职业生涯，终结在小学生这里。我更乐于辅导小学生写作文，在小小范围里，营造了作文的伊甸园：一起看了比较多的动画短片，可以用电脑或手机查资料。写作文前，学生大多要谈谈自身的经历，能从自身经历里头找作文素材最好；找不到的话，同学们互相启发一下，借鉴一下影视或书本里的素材，也不会被斥为抄袭。

我教学的一半时间是让孩子们写课本后面的命题作文，比如“我的妈妈”“我的小制作”之类；还有一半时间，是写我自己设计的专题，比如“写写动画脚本”“写写想象中的生物”“写写一瞬间”“给不是人的人写信”……素材是我自己搜集的，教案是我自己写的，基本上我愿意怎么搞都可以。没有人指手画脚说我搞得不对——反正所有人教作文，都是盲人摸象，而我是公认摸得比较好的那个（以下开启自夸模式）。

请个大作家教作文，不会比我教得更好。作家经常不知深浅，多半的情形是高估了学生，可能会提“一定要写出自己的独特想法”“一定要写出自己的独特风格”“一定要写出自己的独特创意”，要么就笼统地鼓励“想说什么就说什么，想写什么就写什么”。作家站在职业的高点，以为下面的人一经指点，再加把劲一跳，也能跳上去。问题是，那个高点并不是孩子们写作文时的追求，作文不以培养作家为目的。

语文老师循循善诱，但很多老师自己并不写作。当然，这并不妨碍他们指导出优秀的学生写作者。但老师自己多多少少写一写再来教，还是不太一样。自己走过思维的多个分叉点，评价作文的标准不会太单一，知道哪些地方是可以谅解的。

作家和语文老师，我刚好两者都沾一点。好处是我提出的都是实用的、可操作的、不僵化的方法，一些经验都是我多年积累所得，并不断复制，不断完善，被证明是行之有效的。另外我不会带偏，小孩子尽管和作家有差距，但写作的基本原理还是一致的。

我特别希望作文也有什么公式定律，我盲人摸象，认真摸了三十多年，肯定能摸出几条来。可惜的是，作文不是科学技术，永远就是这么保持着雾里看花、水中捞月的状态。在职业生涯结束之际，我不敢说窥到了作文真相的全貌，只能说，如果我知道一点点作文的秘密，那就不要带入坟墓，说出来供大家参考一下，我也可以与自己的职业好好地做一场告别。

第一章

从零开始，写一本自己的图文书

一、从不会写多少字，到三个月写一本图文书

有三个小学生：文文、依依、铭铭，都是七岁左右。他们第一次来上作文课。文文是小男生，性格活泼，很有主张，他先哼起歌来："咦咦咦，啊啊啊——"这是一首无词的歌《忐忑》，依依和铭铭也跟着哼起来。此起彼伏的"忐忑之声"笼罩了作文课。

以如此"神曲"开场，不知今天三个孩子能写出什么样的神文来。

其实，我也在心里暗暗哼唱着"咦咦咦，啊啊啊——"。我比学生更忐忑：二年级的小学生，汉字认得不多，写字程度不一，如果第一次不能顺利完篇，自信心也会受到一定的打击。

备课的时候，我一直叫苦：这是谁想出来的规则啊？第一次作文，必须要看图写话？看图就看图吧，倒是找一些好看的图啊。世界上有那么多美丽的图画，咱们的出题

人——也是教育工作者，是怎么找到了一批丑得不能多看的图呢？

有的图画得十分潦草，印刷也不清晰，经常要连蒙带猜才知道画的是什么。有的图则内容过时，比如《给妈妈端杯茶》，妈妈没有洗衣机，还在木盆里拿搓板洗衣服；《买菜》中的菜场，是已经绝迹的国营菜场，要劳烦营业员阿姨在货架上取菜；而建筑工人还在用胶轮车运砖头，后面跟着一个红领巾，哼哧哼哧地帮他推车。还有的图内容奇怪：小白兔没有伞，小乌龟就把自己的乌龟壳揭下来，拿树棍顶着，给小白兔当伞，题目叫作《助人为乐》……

就算内容没问题，在我看来，要看着一幅邮票大小的、黑白的、简笔的、无声的、信息量极少还要有“教育意义”的图画写作文，真的是很难、很难、很难的。我不能假装谦虚地说连我也不会写，但确实让成人写出“有声有色”的看图写话，也是很难、很难、很难的。

所以说，认为看图写话最简单，最照顾不会写字的小孩，实在是个误会。

我的方法也早已准备下了。

我给每个孩子发了一册自己专属的作文本，有将近一百页，比通常的小学生作文本厚好多。文文怕怕地说：“我要把这个本子写完吗？”他又唱起《忐忑》来：“啊啊啊啊——咦！那个嘚那个嘚……”

等他翻开本子一看，忽然不唱了——作文本不是完全空白的，每隔几页就有我做好的内容。

第一页是《看猴山》（课后作文题），我已经手写好了一篇，这是示范；

第二篇贴好了漫画《蚂蚁搬家》（丰子恺/绘），我写了前一半，空出了后一半；

第三篇是漫画《越长越矮》（选自《父与子》，[德]埃·奥·卜劳恩/绘），我写了一个开头，空出了下面的部分；

第四篇是《宿新市徐公店》（古诗改写），我剪贴了五种长度的例文：一百字的，二百字的，三百字的，五百字的，八百字的。就是说，看图写话不是只能写一百五十字哦。如果小朋友有余力，不妨挑战一下更长的篇幅。

还有的地方只有图，都是我平时搜集打印的，有网上的图，有书中的插画。我很喜欢《纽约客》杂志（*New Yorker*）的封面和插图。不仅画得好，还紧扣时代。其实，好的图本身就是特别好的文章，就看你对哪一幅有感觉了。

总之，发给学生的不是空白作文本，而是一册图文本，或者说是半成品的手写书。

其中一个孩子，看到本子里面的一幅图，自己起了题目，写了下面这篇作文。

微笑挂钩

昨天晚上我做了一个梦。梦见我到了一个奇怪的国家，这个国家的人都不会笑。

我轻轻一笑，这个国家的人以为是魔法，问："你脸上是什么东西？"我说："这是笑。"这个国家的人感到很奇怪。

我说："你们不会笑？我给你们做一个微笑挂钩。"于是，我做了千千万万个微笑挂钩，挂在他们的脸上，牵着他们的嘴角，让他们笑。这个国家变得有笑容了。

我从梦中醒来了，觉得这个世界美了一点。

作者为襄阳市新华路小学刘灵瑞（二年级）

在三个月的作文学习后，这些孩子都把自己的作文本

填满了。于是，他们就有了一本自己创作的手写书：图文并茂，书写规整，无一处拼音，表述丰富可喜。其中最会写的孩子，就是当初唱《忐忑》的文文，单篇最长写到了六百多字，完全超出了我的期待。

最后，孩子们在扉页处做了目录，还买了一些小贴纸，将一些空白的地方装饰起来。孩子的家长也很满意，用手机将每一页拍照存底，以防孩子丢失了自己的第一本手写图文书。

划重点：挑选好的绘本看

你会不会觉得找不到图？到哪儿找好看的图呢？

世界上有一种职业，叫作绘本画家。

比如台湾的几米，推荐其《月亮忘记了》——假如月亮有一天忘了出来，世界会怎样？美国的谢尔·希尔弗斯坦，推荐其《阁楼上的光》——顽皮孩子的奇思妙想；美国的大卫·威斯纳，推荐其《1999 年 6 月 29 日》——巨型蔬菜满天飞；台湾的朱德庸，推荐其《绝对小孩》——孩子怎样解释世界；日本的岩井俊雄，推荐其《100 层的房子》——

各种动物有趣的生活故事……

中国传统绘本，如丰子恺的《护生画集》和张乐平的《三毛流浪记》，都是黑白图，描绘的是过去的生活。这样的经典，我本来担心现在的孩子不爱看；但事实上，一部分孩子很爱看。

小学生正处于从图画向文字过渡的时期，过于低幼的绘本，内容诸如“小白兔讲卫生”“小白兔认蔬菜”这些，可以不考虑用于看图作文了。

看图，是孩子最初的审美建设。如果一定要看，千万选一些优质的图。小孩子一年，甚至一辈子也就写那么十来篇看图写话，世界上有那么多好看的图，完全能满足需求。

二、忘掉“小明”和“小红”吧

过了这么多年，“小明”和“小红”依然是永远长不大的彼得·潘，活在小学生作文里，真乃奇事。

小明和小红大概是中小学课业中最知名的人物。这二人分别是作文的男女主角。常见的配角则经常是小刚、小强、小兰……

小明最懂事：他会细心地整理文具，捡到钱包会归还失主，放学会主动留下来打扫卫生，遇到大雨，还会把自己的雨伞借给小红或小兰；如果小刚或小强不守规矩，比如掏鸟窝、浪费水、不走斑马线等，小明还会规劝他们；遇到教师节、重阳节，小明还会去慰问老师和老人；小明很正直，遇到小动物遭难，比如见到卖青蛙的，会大声宣讲保护益虫的知识；小明也有聪明之处，遇到风筝挂在树上，皮球掉进了洞口，乃至陌生人突然造访，小明都会积极开动脑筋，想出法子解决。小明有时候会犯点小错误，比如不细心，少写了一个小数点；践踏了小草，不爱护环境，但经过老师的批评教育，“小明”通常惭愧地低下了头，表示下次改正。

好笑的是有些孩子到了初中，还没有摆脱小明和小红，每当写作文举不出例子的时候，还时不时地搬出小红和小明来。除了小明、小红，还有他们的朋友小强、小刚，作文里就不能有别人了吗？当然不是。

其实，看图写话的一大乐趣，就是给人物起名字……往远了说，写小说、写童话、编剧本，给人物起名字也是一件很好玩的事。

比如有一幅图画，叫《下雪啦》，画面上有的孩子在滚雪球，有的在堆雪人，有的在打雪仗，有的在赏冰灯……

我说：“这个堆雪人的女孩，我想叫她‘小雪’。其他几个人，你们能给他们起有意思的名字吗？”

文文说:“滚雪球的，可以叫‘圆圆’，因为雪球越滚越圆。”

依依说:“赏冰灯的，可以叫‘莹莹’，因为冰灯晶莹剔透。”

铭铭说:“赏冰灯的是男孩，莹莹是女孩名字，还是叫他小亮吧。”

那打雪仗的孩子呢？有的孩子建议叫“欢欢”，有的建议叫“闹闹”，有的建议叫“小跳”（大概想起有个小说的主人公是“淘气包马小跳”）。

这么一来，这篇看图写话中，小雪在堆雪人，圆圆在推雪球，欢欢和闹闹在打雪仗，小亮在赏冰灯……这就是一群为《下雪啦》而生的小孩嘛！根本就不必请出小明和小红啦！

还有一则作文练习《小小足球赛》。画上的孩子明显是外国人，可怎么取名呢？

依依很较真:“这是哪个国家呀？”

我说:“这是俄罗斯。”

她又问:“那俄罗斯的小孩都叫什么名字啊？”

我俩上网一查，发现俄罗斯的名字还有各种讲究，经过挑选，她就给中心人物——小小守门员起名叫“安德烈”（勇敢的），围观的孩子，有的叫“彼得”（石头），有的叫“米利亚”（可爱的），有的叫“尼古拉”（胜利）……画面中的那条河也不叫“一条河”了，它也有了真实可考的名字，叫“涅瓦河”。

在作文中给人物起名字太有意思了，千万别放弃这个乐趣。

划重点：不要用拼音代替汉字

不会写汉字怎么办？通常的做法，当然是用拼音代替。

例如：“我 jiā 有只小白 gǒu，它 hún 身长着 xuě 白的毛，它的名字 jiù 叫小白。”

这段文字好看吗？不好看！完全失去了文字的美感，很是古怪。很多小学生，拼音学得不过关，常有拼写错误，“小白 gǒu”拼成“小白 guǒ”。“小白果”是什么呀？

我历来反对用拼音代替汉字写作文。但是，这又带来另一种情况：

这个孩子问：“‘狗’字怎么写啊？”那个会写的孩子就会告诉他：“一个犬字旁，一个句子的句。”这个说：“什么是犬字旁啊？”那个就说：“这么笨啊，犬字旁都不知道！”“你才笨呢！……”

铭铭第一次写作文时，有很多不会写的字。文文告诉他怎么写，然后就热情地围观，并且好为人师地指点他写，被我制止了。不一会儿，铭铭又有不会写的字，文文又凑过去，教他写不会写的字，纠正他写错的拼音，让他及时分段，每段段首要空两格，写对话要用引号，语气强的句子要改感叹号……

写完我一看，内容凌乱，字忽大忽小，有的字歪斜着一泻千里，有的字被擦写涂改得云山雾罩。段落基本上看不出形状，有一句一段的，也有半句一段的。铭铭已经将作文写成了“现代朦胧诗”。

铭铭很沮丧，他的作文自信需要慢慢地修复。

一个不会写的字，把作文搅得天翻地覆。我的办法就是：先空着。

“这个字怎么写呀？”我一律答：“空着。”有的孩子问：“那是不是我先填上拼音，然后再补上汉字？”我答：“不用，写了拼音还得擦，你就先空着。”

全文写完之后，把那些空着的字，或写在便利贴上，或用手机、平板电脑打出来，或用热敏纸打印机（比如喵喵机）打印出来……让孩子照着把不会写的字补出来。大人不要亲自在作文本上补写，那样不好。

这样下来，我发现，其实孩子不会写的字并不多。识字量大的孩子，一篇作文中，完全不会写的字只有十个八个。很多字，孩子从来没有写过，但是自动会写，因为这些字的“样子”，他们是记得的。只不过凭印象写出来的字，经常缺胳膊少腿。对于写作文的孩子，要鼓励他写生字，包容他写错别字，千万不要惩罚性地让他“改错字”，把错别字写几十遍。

三、最见效的看图写话，是看动画

记得多年前，我看过《奥斯卡最佳动画短片集》，那时还只有光盘。每张光盘上有很多片子，每个片子又很短，只有几分钟。起初看糊涂了，纳闷情节为什么接不上。后来看多了，我就爱上了这种独立、精短、风格多样、来自全球不同国家的动画短片。

几个孩子来写作文，到得有早有晚。到得早的孩子没有事情做，我就把存的短片给他放一放。

首先选择的是《猫》（作者：卜桦，时长：5 分 20 秒），这是早期国产网络动画的代表作，看得好多孩子泪水涟涟。上完了作文课，孩子们说："写完了作文，是不是可以再看一遍《猫》？"

比较深奥的是《平衡》（导演：[德] 克里斯托夫·劳恩施泰因、沃尔夫冈·劳恩施泰因，时长：7 分 38 秒）。画面构成很现代，场景只有一块平板。几个人，装扮完全一样，没有对话，甚至没有多少音乐。我担心孩子们看不懂，但他们看得非常专心，看完还自发讨论。孩子们对“有哲理的”“大人的”动画，兴趣很高。动画短片的启智功能是惊人的。

铭铭提出：“我能不能写写动画片？”

铭铭总是苦恼没有事情可写，看图写话对他来说越来越难。因为作文上了要求，要“有声有色”，但图画本身就是黑白的、静止的，不够“有声有色”。动画则完美地解决了他的问题。

我想，这些优秀动画片的基础，是优秀的文字脚本，现在孩子们用文字还原，也算再创作，是好事。就答应了这个提议。

其他孩子也积极响应，这些七八岁的孩子，都写起动画“脚本”来。他们热情很高，写得很快，字数充足。不会分段的问题，也自行解决了，那便是根据动画片中明显的场景转换分段。因为受到动画片的感染，孩子们的作文写得很有感情。

下面就是其中一篇作文。

袋子姑娘

改编自动画短片《黛子小姐》

在做塑料袋子的地方，有个袋子姑娘，人们都把脏东西放进去。

一天，人把袋子姑娘放到炒菜的厨房，袋子姑娘一转头就看见了纸杯先生，袋子姑娘很喜欢纸杯先生。但是，有一个人过来把纸杯先生拿走了，袋子姑娘很伤心，人又把很多脏东西放进袋子。忽然，袋子姑娘破了一个洞，人就把她扔到垃圾堆里。

袋子姑娘走呀走呀，看见了纸杯先生。它们相爱了，纸杯先生带着袋子姑娘一起玩，一起在树下看太阳。树越来越大，越来越绿。

到了冬天，树的叶子掉光了，它俩冻成了冰块。纸杯先生也越来越老。

到了春天，冰融化了，纸杯先生变成了一块一块的纸片飞走了，袋子姑娘很伤心，她想死，可是用了很多方法，怎么也死不了。她更伤心了。

1000年后，袋子姑娘被风吹到了另一个世界。这时，纸杯先生已经变成了土，而袋子姑娘还孤单地活着。

作者为襄阳市新华路小学胡书扬（一年级）

划重点：建立自主分段的意识

通过观察一二年级刚开始写作文的孩子，我发现他们是没有自主分段意识的。

我问铭铭："你为什么只写一段啊？"

他告诉我："老师说不用分段。"

小孩子只能写二三百字，只有一段也没什么不可以。但我想了想，还是觉得不妥："你为什么不早饭、中饭、晚饭一起吃呢？为什么要分成三餐呢？"

他笑了。我说："那我们唱歌，一直唱一直唱，中间不喘气好不好？你从早上开始，就不下课，一直上一直上，全天上成一节课好不好？"

他摇头，表示不好。我说："你读的课文，看的故事，有没有通篇不分段，一段下来的呢？"

他想了想，真没有。（除非是古代人写的文稿。）

总之，就算孩子还很小，只能写很短的作文，也不能不分段。

我一般不会硬性地给学生的作文标段落，事后修改，重新标段落，这不是最好的方法。**我的办法，是在写作之前、写作中途不断强调"要注意分段哦"，就是说，要帮孩子们建立自主分段的意识。**

这个过程并不算艰苦，孩子们一般经过三五次作文训练，就能分得既合理又好看了。铭铭很聪颖，我只强调了几次，他就懂了，写着写着会说：“哎呀，换镜头了，该分段了。”

如果改写唐代诗人杜牧的《清明》一诗，怎么分段呢？非常好办，因为这首诗自带分镜头。

又是一年的清明节。（一段）

纷纷扬扬的春雨下了起来，落进原野里，钻进人的衣服里，让人感到一阵阵的寒意。（下雨了，一段）

远处走来一位行人，他神情哀凉，大约是扫墓归来。他边走边张望，显然在找一处歇息的地方。（行人出现，一段）

此时，响起了悠扬的笛声。原来是一位牧童，他骑在牛背上，走在春雨滋润的田野边，悠然自得……（牧童出现，一段）

行人连忙打探：“附近有酒家么？”牧童说：“就在前面不远处，很快就到了。”顺着牧童所指的方向，果然看见了高高的旗杆，上面飘舞着杏黄色的酒旗，还有三个大字：“杏花村”。（酒家出现，一段）

行人大喜：太好了！终于可以放下忧伤，一边喝酒，一边欣赏这无边的春色。（结尾，一段）

分段，是重要能力：能控制叙事节奏，知道在哪里应该喘息一下，告一段落；情绪有起有伏，一波一波地推进；结构上有章法，逻辑上有关联，不是一锅粥。

分段，也为文章能写长，写丰富，留下了一点空间。如果一大段、一大片、一大块地下来，想添些内容都没有地方补。

作文写不长，写不细，写不完，写得糟乱，写得难看，其外在的表现，都是没有良好的自主分段意识。很多学生到了初中、高中，依然没有解决这个问题。

四、会飞的鲸鱼，会飞的作文

音乐动画电影《幻想曲 2000》（1999 年迪士尼出品），共有八段音乐，配八个动画。我截取了第二段，音乐是《罗马之松》，动画形象是深海的鲸鱼。

这一段只有十分钟，很快就看完了。孩子们纷纷说："还要看，还要看。"

我认为最后一段也很好，就播放了这一段。这一段描绘的是大自然经历毁灭，又在春神的复活中复活，画面十分唯美，配合的音乐是斯特拉文斯基创作的《火鸟组曲》。

孩子们又说："还有什么？还要看。""看那个米老鼠和唐老鸭。"他们已经知道了这个短片不止一段，要求看完。

我没答应，说："只看这两段——'会飞的鲸鱼'和'春神的复活'，考虑一下，愿意写哪一个？"

所有的孩子都选择了前一个。

的确，这一段是看动画写作文的最佳材料之一。首先是故事好：无忧玩耍，落入困境，亲情召唤，勇敢成长，超越现状，追逐梦想……游啊飞啊，富于动态；欢乐啊恐惧啊，也是孩子们能理解的。其次画面也好：亮蓝的海面，藏蓝的海底，白色的海鸥，铁色的鲸鱼；冰柱，光柱，闪电，云海，以及太阳的光芒……都是鲜明夺目、让人有描写欲望的景色。

于是，我们一同再看第二遍。铭铭第一次看的时候半懂不懂，因为只有音乐，全无对话，他还不习惯。画面中的“鲸鱼”“海鸥”都叫不出名字；鱼为什么最后飞起来了，他也十分不解。第二次看就不一样了，有看懂的孩子替他讲解。我也放慢速度，让铭铭看得更明白一点。

铭铭看懂了，觉出有些意思：“再看一遍，再看一遍。”

没有第三遍了。我把电脑和投影都关了。他没记住的画面，就靠自己“脑补”吧。

铭铭无奈，只好在作文本上写：“从前，有一群鲸鱼，生活在一片宽阔的海洋里。”

铭铭的第一篇作文，就是这样开始的。

文文写《会飞的鲸鱼》时，只有七岁。我了解到他阅读基础好，自己在家已经开始习字，就想试试他目前的作文上限。

我说："我遇到的小学生，第一次作文，没有人能写超过两页（每页约一百八十字）。你可以破一个纪录么？"

作文写完，他自己也很高兴："我破纪录了吧？"

文文的第一次作文，用了两个课时，写了三页。之所以不能写得更长，不是能力所限，而是体力所限。最后我让他匆匆结尾了。

此后，"会飞的鲸鱼"是很多孩子第一次作文的"起飞之课"。下面就有其中的一篇。

会飞的鲸鱼

在北极的大海里，彩色的北极光亮了起来，鲸鱼和海鸥正在举行一场大竞赛，海鸥在天空有节律地飞行着，两只大鲸鱼，带着他们的孩子——一只小鲸鱼，在海底游着。

两只大鲸鱼一会儿跳起来，一会儿跳起来，好像要飞起来一样。不一会，他们竟然飞了起来，在大海上做起了美丽的动作，那只小鲸鱼也想学飞，他就在大海上面磕磕碰碰地飞着。

正在这时，海鸥开始追逐这只小鲸鱼，小鲸鱼看到这番景象，赶紧往海底逃去。可是，他掉到了一个深渊里面。

它游啊游，游啊游，它心里想："我的亲人在哪里啊？”突然，他看到外面大鲸鱼的影子，原来是它的爸爸妈妈。爸爸妈妈也在鼓励小鲸鱼游出来，好像在说：“你要勇敢，等你长大，还有更多的困难。”

这时，小鲸鱼心里充满了勇气，它加劲游啊游。忽然，它看到了一个亮亮的光柱，就径直向那里游去。

光柱让小鲸鱼飘啊飘，飘出了海底。于是，它跃出水面，纵身一跳，竟然追上了它的爸爸妈妈。

三只鲸鱼飞啊飞，不知不觉地飞到了天空中，飞到了云海上面。鲸鱼们闪躲着雷电的攻击，小鲸鱼和爸爸妈妈一起穿过雷电风雨，去追寻太阳。

作者为襄阳市新华路小学陈玉康（一年级）

划重点：不要嫌弃作文太啰唆

面对写一篇“300字左右的作文”这一要求，有的小学生这样凑字数：“放暑假了，树上的知了吱吱吱吱吱吱吱吱吱吱吱吱吱吱吱……（重复写300次）地叫！”

三百字有那么难么？

小学三百字，初中六百字，高中八百字——似乎增长几百字，就需要花十年时间。这当然是不对的。

我自己做过观察和实验。文文刚上二年级，跟着大人旅游回来，要写暑假作文。他问写几百字，我说："随便，你能写几百字？"他说："我能把这个本子写完。"

我觉得，如果**他能写一篇详尽的长文，胜过写二十篇零散的、内容粗略的短文。**

他写了一篇游记，真的写完了一整本作文本，足有三千多字——虽然对于大人来说，有"啰里啰唆"的成分。但儿童和成人的关注点不一样，大人希望儿童多写美景、知识、规矩、教养、当代物质文明……似乎这样才没白跑一趟，旅游的钱花到了点子上。但儿童却潦草地写了几笔美景之后，就去记录诸如误车、失物、饿了、困了、大吃一顿、大玩一场，看见一个怪里怪气的人之类的、大人认为意义不大的事情。

我在台湾的作文网站上，看了一些一年级小学生的作文，有一篇写得最好，叫作《游美国》，写得十分有趣。可是看了看后面老师的评语，我吓了一跳："看得出来，你很会写。不过，以后不必写长。150 字就好。"

那篇作文其实写得并不长，才三百字而已。如果把三百字缩到一百五十字，基本上刚踏上美国土地，就得搭飞机回来。小孩子明明写得很顺畅，再多写三百字也未尝不可。为什么非要退到一百五十字？难道《未成年人保护法》规定了超出字数就算虐待儿童？

老师绝对不能嫌弃学生写作文写得太长，嫌弃学生啰里啰唆。

对于孩子来说，成年人不要在什么都没有教会他之前，先教会他畏惧字数。一个畏惧字数的写作者，根本就没有学会畅快地表达。在他还没有学会畅快地表达之前，讲什么技巧技术都是白费口舌。

五、看动画，不是抄动画

依依看完动画短片《视线之外》(导演：虞雅婷，时长：5 分 27 秒)，说："我能不能写成'我'？"

我知道她的意思，就是用第一人称来写这个故事。

文文抢着说："不能！你又不是盲人。"

我还在想：什么盲人？文文说："动画片里的小女孩是盲人。"

我并没有看出这个人物设置，于是又看了一遍，发现果然如此：一个盲人小女孩，牵着她的导盲犬在路上走，遇到了抢劫。在追逐的过程中，小女孩进入了一个黑暗的地方，狗也不见了。不过，随着这个小女孩的感知，观众看到了另一个世界……

以这样的"人设"来看，就深入和丰富多了：人在视觉之外，能感知的东西更多；并不是进入了黑暗，就只能感知黑暗。

依依争辩说："我不是盲人，但是我也有小狗狗，我去追狗狗……"

我明白了：依依是说自己有类似的经历。仔细想想，谁没有类似的经历呢？人生活在光明中，并非理所当然。即便是现代社会，也时时可能遭遇短暂的黑暗。

我赞同依依："追一只动物，然后进了一个洞……这个想法可以的，有个童话就是这样开头的。"

文文又抢着说："《爱丽丝梦游仙境》！"

依依就给自己的作文命题为《仙境》。开头写：

> 刚下过一场雨的早晨，我带着小狗杰克去散步，这是爸爸去年给我买的。买杰克的时候，爸爸一是看价格便宜，二是为了安慰发烧到三十九度的我。时间一长，我和杰克就有了感情。
>
> 今天，刚出门五分钟就出了事，杰克像发疯了一样，向一面墙跑去。我刚喊出一个"不"字，可是已经晚了，墙上出现了一个黑洞。杰克已经跑进去了。我跑了过去，也进了这个洞。

中间写了自己在"仙境"的所见，是脱胎于动画片的再创作。

结尾是这样的：

走着走着，我居然走出了这个黑漆漆的地方。杰克也回来了，原来，那只进了黑洞的小狗，不是杰克，是我自己看错了。

我让孩子看动画，也会惹来意见："教作文，就是看看动画片？那作文的创造性在哪里？"

这种担心是多余的，你若是让孩子们对着画面一帧一帧地抄，他们还不乐意呢。

我从来没有遇到过"抄动画片"的孩子。写作文面对的依然是纸张，是一格一格的空白，需要组织语言文字来填充，需要调动自己的生活存储。有时候，还需要一点情节创造，加一点幻想，还要投入感情，表达看法。

改编的故事也同样动人，不会因为看过动画，就丧失了阅读文字的兴趣。

下面就是其中一篇。

种子寻我记

改编自动画短片《生之爱》(作者：卜桦)

在阳光下，有一块荒凉的土地，不知什么时候，泥土里竟多出了一粒饱满的种子。种子一天一天长大了，变成一个浑身绿色的小人，小人望了望四周，没有一个同伴，小人内心孤独极了，走向了落日的余晖中。

小人艰辛地穿过了荒凉的土地，看见了满身黄色绒毛的鸭子。“自己是鸭子吧？”小人心里想，于是跟着鸭群走了，走到一个池塘边，小人毫不犹豫地像鸭子一样“游”进了池塘里，可是差点溺死。小人伤心极了。此时，还冒出个小青蛙，蹲在小人的头顶嘲弄它。小人更加失落了，拖着被水浸湿的身体，向远方走去。

小人来到树林，看见两只活蹦乱跳的猴子，小人的心开朗了：“自己一定是猴子！”两只猴子爬上了参天大树，小人喜不自禁地也学着猴子爬树。可是，它只爬了一小段就摔了下来。小人简直绝望了，朝着森林的另一端走去。

小人来到了花丛中，躺在地上大哭。霎时，从远处传来了优美的歌。小人推开花丛，发现是一朵花在歌唱，小人只能听到花美妙的歌声，却不能见到花的真面目。它抓住了一丛花的叶子，竟然发现那叶子跟自己的手掌一模一样。

“自己不会就是一朵花吧？”小人想。它兴奋极了，来到阳光下一片肥沃的土地上，这里常常传来花儿飘逸的歌声。小人决定就在这里开花。

一天又一天过去了，它终于开出了美丽的蔷薇花。

小人，不，现在应该叫蔷薇了。它觉得找到真实的自我真美丽。

作者为襄阳市新华路小学代巧（四年级）

划重点：挑选好的动画短片

动画短片风格多样：水彩动画、木刻动画、剪纸动画、木偶动画、3D 动画，还有真人和动画相结合的作品。也有画风很差的，内容也不完全适合儿童。看得多了，我自己设立了一些标准：时长在十五分钟之内，无对话或少对话，内容好，大人看了也受益。

动画短片实在太多，一般人难以搜集，下面我就推荐一些。（请使用关键词自行在网络上搜索，在很多视频网站都可以找到。）

《神奇飞书》（15 分钟）

《暴力云和送子鹤》（5 分 50 秒）

《月神》（6 分 57 秒）

《三十六个字》（10 分 30 秒）

Kanji City-Kyoto（4 分 3 秒）

《光之塔》（7 分 30 秒）

《父与女》（8 分钟）

《老太与死神》（8 分 20 秒）

《最后的编织》（6 分钟）

《回忆积木小屋》（12 分钟）

《萌猫三剑客》（13 分钟）

《花与树》（7 分 50 秒）

《苍蝇的一分钟生命》（4 分钟）

KIWI !（无翼鸟）（4 分钟）

《昼与夜》（6 分钟）

《恐怖玩具屋》（5 分 30 秒）

《视线之外》（5 分 27 秒）

《当地球被野兽统治》（2 分 39 秒）

《牛奶罐的爱情故事》（2 分 12 秒）

法国环保获奖动画 *Respire*（3 分 44 秒）

《包宝宝》(7 分 41 秒)

《杂草的梦想》(2 分 47 秒)

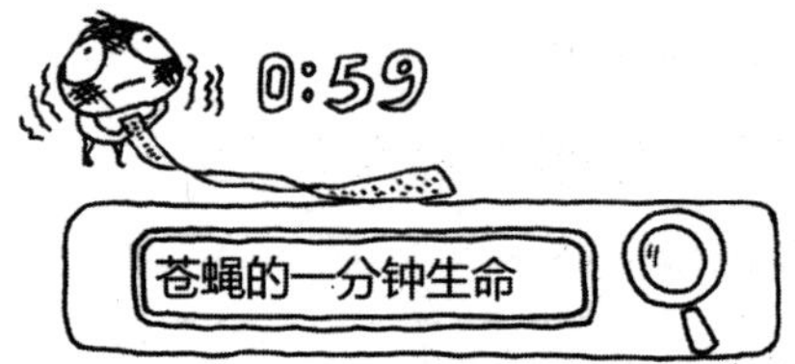

六、怎样避免把妈妈写成“家政人员”

“我的妈妈”，这个题目很好写，因为妈妈是孩子最熟悉的人；但也很难写，因为妈妈们很在意，她们总要把作文拿过去看一看，琢磨一下自己在孩子心目中到底是个什么形象。

看到“我的妈妈很漂亮，在我心中她是最美丽的，她是天下第一的好妈妈，她有一双会说话的眼睛、能干的巧手。她打伞都往我这边歪，自己淋雨；我学习不好，她没少批评我，批评完了，又摸着我的头，亲切地教育我；我发烧了，她一夜没合眼，皱纹都长出来了。我一定要用良好的学习成绩，报答妈妈……妈妈爱我，我也爱妈妈”，妈妈们就很开心，觉得没有白养孩子，如果看到抱怨的、不满的、调侃的句子，心里就不舒服，可能还要“和颜悦色”地启发一下，要孩子在作文里多写写妈妈身上的“母爱光辉”。

于是，孩子对写妈妈这件事的套路十分清楚，提起笔，就准备写洗衣服、做饭、送雨伞、查作业以及上医院这几桩事情了。

在这种情形下，我一般都会先问一下："你妈妈是做什么的呀？"

妈妈们有做教师、护士、销售、快餐等行业的。我会再追问："你看过妈妈工作时的样子吗？她是不是很能干呢？"

我希望妈妈的形象，能脱离"家政人员"的范畴。虽然妈妈与孩子的接触，多半都是在家庭中，以生活为主，但妈妈也是有独立人格的人嘛。而且，哪个妈妈会不给自己的孩子做饭，不管自己生病了的孩子呢？孩子们都这样写，确实很缺乏新意。

依依说："我的妈妈就是在家里。"

我懂了，这是一位全职妈妈。我说："那你准备写什么内容呢？"

她说："我妈妈对我很好，平时为我做饭、洗衣服，我生病了，妈妈就……"看来，她只能把妈妈写成"家政人员"了。

我说："那你妈妈有什么特点？能不能用一个词概括？"这样就可以写成《我的唠叨妈妈》《我的勤快妈妈》《我的善良妈妈》……她很为难，答不上来。

我说："那你最佩服妈妈什么？妈妈做过什么值得你钦佩的事情吗？"这个问题，她不能拒绝，开始认真想了。

我是这样考虑的：俗话说为母则刚，一个女人做了妈妈，本来无能的也会变得万能起来；本来软弱的，也会坚强起来；原本散漫的，也会勤快起来。妈妈们作为孩子的第一任老师，肯定有孩子不具备的能力，有可以言传身教的事情。这样就可以把妈妈在作文中的形象从“家政人员”中拔起来，也区别于“妈妈付出，孩子报恩”这样的传统思路。我认为，用“付出”和“报恩”维系的亲情关系，绝不是妈妈们无私付出的本意。

依依说：“我妈妈爱漂亮，有一次下雪，听说附近有一棵梅花树开花，她还专门带我去看。”

我说：“这个可以写。你想一想，这件事，你以后想起来就会觉得很美好。”

想象一下，一个妈妈带着女儿踏雪去看梅花，这是多么浪漫的情节，多么美丽的画面！妈妈爱美，也带着女儿去亲身感受美。在人的一生中，这样的美丽时刻其实是不多的。

依依在自己的构思得到我的肯定后，很有信心地准备开写了，又不放心地问：“那我还写不写我妈妈做饭？”

她还想着妈妈的家政形象呢！我说：“当然不用写了，你把看梅花这件事好好写清楚，就可以了。”

这篇作文的题目，就叫《妈妈带我看梅花》，是这样开头的：

我总是盼望着冬天的到来，虽然冬天很冷，但是可以看见梅花。我家的附近有一棵梅花树，一到冬天就会开出可爱的、娇小的梅花。我很庆幸，冬天可以和妈妈一起欣赏梅花。

窗外漫天飞雪，红彤彤的梅花披上了一层白雪。我对妈妈说："梅花好漂亮，就像一个披着雪白棉袄的小姑娘一样。可是为什么梅花要在冬天盛开？在春天温暖的季节盛开，不是会更好吗？"

结尾是这样写的：

听了妈妈的话，我点了点头，继续望着梅花。啊，梅花变得更加美丽了。妈妈让我把梅花的样子画下来，梅花的样子印在了纸上，也深深地印在了我的心里。明年冬天梅花盛开的时候，我又会想起妈妈的话，我要像梅花一样，做一个坚强的人。

我还向她推荐了两篇同题文章——《我的母亲》，文中的母亲都是旧时代的家庭主妇，并无多少文化，却言传身教，培养出了文化大师。

我在我母亲的教训之下住了九年，受了她的极大极深的影响。我十四岁（其实只有十二岁零两三个月）便离开她了，在这广漠的人海里独自混了二十多年，没有一个人管束过我。如果我学得了一丝一毫的好脾气，如果我学得了一点点待人接物的和气，如果我能宽恕人，体谅人——我都得感谢我的慈母。

——胡适《我的母亲》

我廿二岁毕业后，赴远方服务，不克依居母亲膝下，唯假期归省。每次归家，依然看见母亲坐在西北角里的椅子上，眼睛里发出严肃的光辉，口角上表出慈爱的笑容。她像贤主一般招待我，又像良师一般教训我。

——丰子恺《我的母亲》

划重点：创造手写的美丽

刚刚学习写字的孩童，打开书包，铺开本子，拿出铅笔……一部分孩子的精力并不在写字上，而是用来对付断了芯的铅笔、脱线的本子、擦出一团黑印的橡皮、艰涩扭不动的转笔刀、拉链卡壳的文具袋；一部分孩子乐此不疲，借修理文具的理由，迟迟不动笔。我感觉他们内心哼唱着："我是一个修理匠，修理本领强……"

等到时间不够用时，他们真的着急了，便找东家借一张纸，找西家借一支笔，为此几乎跟三邻五舍都爆发过争吵。

因为家长不一定知道什么样的文具最趁手，有时也忘记给孩子备齐，所以我自己常年都备着一个文具箱。里面装着普通铅笔，七十二色的彩笔，橡皮，直尺。也有钢笔，配了红黑蓝紫绿的替换墨胆。还有若干颜色的水笔替换笔芯，因为孩子们使用的笔芯颜色各异，如果写到中途不出水了，换别的颜色就不好看了。还有厚薄不同的作文本、成本的方格稿纸，用 A4 纸打印好的一页三百字或一页四百字的作文纸。还有好看的贴纸、修正贴、便利贴……

我一直想，现代社会，除了孩子们以外，还有多少人在手写文字呢？所以，既然要写，就要享受手写的乐趣，创造手写的美丽，同时也保留住手写的价值。

七、“我的爸爸”这个题目总是写不好

“我的爸爸”写出来，远不如“我的妈妈”感人：

“我的爸爸常常不在家；回到家，常常不做饭；吃饭的时候，常常发脾气；不发脾气的，又常常不说话；说话的，又常常很严厉……但是，爸爸很辛苦，因为忙着赚钱养家。”

如果说，母亲是一家的精神领袖（对的，不是父亲），那么父亲是什么？经济支柱？

“我的爸爸十分高大，像一座山一样。他非常能干，什么东西坏了，他都能修好。给他一辆车，他就能开得风驰电掣；给他一个扳手，他就能撬动地球……”

父亲高大而万能（这往往不是真的），常常是因为孩子太小，有视野上的误会？

“我的爸爸最会做饭，我放学回家，他端出一盘拿手的糖醋鱼；爸爸脾气好，从来不吼骂我，我做错事情，他总是给我讲道理；爸爸总是陪我成长：玩游戏、看电影、参观

游览、登山钓鱼、健身运动、各种各种……”

这样的父亲不是家里的“半个陌生人”，有的“代行母职”，比母亲做得还好。不过，“慈父”一定比“严父”更有爱，更合格么？

“爸爸”这种生物，太复杂了。我带有偏见地觉得儿童其实写不好父亲。就连成人，甚至作家，理解父亲的过程，也常常坎坷而漫长。

我提议先看看动画短片，看看别人是怎么表达的。

先看英国动画短片《父与女》，看到女儿年老之后，还在寻找父亲的影子，她躺在父亲曾经的小船上，好像童年躺在父亲的臂弯里……看得很多孩子流眼泪。

还有韩国动画短片 *The Father*（《父亲》），节奏非常快，其中讲述的父子关系更为复杂。孩子们看了两遍才理解，理解之后，沉默了好一阵。

除了动画短片，还看了有关父子关系的经典电影，如《大鱼》（5 分钟的剧情介绍版），我还印发了日本小学生的获奖作文《我和爸爸的便当盒》。

这节课就成了探讨父子关系、理解父子情感的一节课。我问：“你们发现这些经典的共同之处是什么？”

铭铭说：“都很感人。”

依依说：“父亲的爱不喜欢口头表达出来。”

文文说："他们的父亲都死了。"

我一惊——文文确实有简单而惊人的发现。那就是，我们什么时候才真正理解"父爱"。

在长大成人的过程中，我们和父亲的关系总是存在更多的矛盾和冲突。当我们开始理解父亲的时候，他已经老了；甚至，当我们自己做了父亲（或母亲），当父亲离我们而去的时候，我们才真正地理解父亲，才能把这些理解表达出来，并且表达得温暖而有力量。

"我的爸爸"如果写不好，我不建议勉强写。必须要接受一点：不是每个家庭成员都必须要写进作文的。有的家庭成员，需要用一生去理解，去读懂，去书写……甚至最终也没有被讲述出来，被书写出来。但这并不是说，不被写的，就不被爱。

划重点：写什么才是最最最重要的

我和学生花时间最多的讨论，就是帮助他们找到"写什么"，而不是"怎么写"。

比如"我爱妈妈，妈妈爱我"这样的话题，文文首先就想到写"自己生病了，妈妈照顾我"，我立刻否决了："写这个的太多！"

他说："那我写妈妈生病了，我照顾妈妈？"我问："真的吗？”他说：“没有。”我说：“没有就别写了，不要瞎编！”他说：“那我写妈妈假装生病了？”我说：“什么？”

他坐了足有半个小时，未动一个字。我意识到自己做得不对，说：“刚才你说，妈妈假装生病，是怎么回事？讲来听听。”

他就讲妈妈有一次看了电视剧，受到触动，担心自己生病了，儿子不管她，就学着电视剧的样子生起病来。他怎么识破了，识破之后怎么照顾妈妈，对付妈妈，最后妈妈破涕为笑，母子其乐融融。

文文边讲边乐，我听了觉得是个好故事，很有意思，就鼓励他写出来，最好写得像“演小品”一样。他很快就写成了，挺幽默的，还有悬念。这就是说，“小品剧本”的写法已经在他的写作过程中了，他已经会应用“写作技巧”了。

很多人却认为“写什么”根本不是问题，每个人最不缺的就是这个，每天都有不少事情发生，怎么可能没什么东西可写呢？他们希望老师多教教“写作技巧”，增强“写作才能”。

其实，找到“写什么”，就是最最最最重要的写作才能。

往往，找到“写什么”的同时，“怎么写”的问题也就迎刃而解了。

第二章

观察身边的事物

一、没有观察植物，如何写观察作文

作文题目是“观察一个植物的生长”。要写这篇作文的，是上了三年级的依依。

我说：“你家里养了什么植物？”

她说：“什么都没养。”

我说：“那怎么不养几盆花呢？”

她说：“我妈不喜欢养。”

我说：“那你在路上总看到过什么小花小草吧？学校里肯定也栽了树吧？小区院子里总有什么植物吧？墙角，街边，不会什么草都没有吧？不然叫你妈妈去超市，有的超市卖仙人掌，回家养一下……”

我说这些的时候，语气是很不确定的。因为依依毫不犹豫地否定自己对植物有任何兴趣，更不可能花心思去亲近和观察一个植物的全部生长过程。

依依也开始积极地考虑，搜索自己的记忆。她说：“后天我爷爷过生日，我去爷爷家，他养了很多植物……”我说：“那你去几天啊？”她说：“国庆节放假，可以观察七天。”

我松了一口气，但转念一想：不行！我七天以后才能看到她的作文吗？再说，我也不能十分信任她，她这七天都能好好观察么？如果去了爷爷家，吃啊，玩啊，上街啊，看电视啊，隔了一天没有观察啊，提前两天回来了啊，各种事务都可能打断观察。

我想到了一个可以让她瞬间完成观察，而且很快写出作文的方法。

我说：“其实这个作文题目——连续观察一个生物，是理想状态。如果你们小学生能观察几天，并且记录下来，那你很厉害。有个十五岁少年，在动物园观察狒狒，得到了一大发现是：狒狒六成时间是呆坐着，什么也不干。这是他用了六天，二十四小时连续不断观察得出的结论。他因而获得了美国自然历史博物馆 2011 年年轻自然主义者奖。他叫林·亨利（Henry Lim），是美国的华裔少年。”我打开电脑，找出了这条新闻给小女孩看。

依依有点惊讶，大概是没有想到这也能得奖。我说：“可见，连续几天观察动植物，并不是人人都能做到，这样的人很厉害。如果你没有观察过，要不要先看看别人的观察成果？”

我存过一段视频，只有两分钟长，记录的是植物从种子破土到发芽生长的过程，没有过度编辑，没有音乐，比较原生态。当看到那些植物摇摇晃晃快速长大的镜头时，依依问：“啊，怎么这么快？这是怎么弄的？”

我说：“这叫延时摄影，连续不断地拍摄几天，然后快速地放出来。我们人很难二十四小时一动不动地观察植物，但是摄像机可以帮我们办到。要不要再看一遍？”

第二遍看的时候，我加了一些文学语言来描述：“你看种子出土的时候，是不是像婴儿一样，是蜷着的？后来才慢慢伸展开，颜色也越来越浓了，叶子像手掌一样招摇。”“那些茎，在寻找可以附着的东西，然后爬上去。”“生命是不是很神奇？”

这个时候，她的记忆得到复活：“是的，我家的防盗网上，曾经有牵牛花攀缘上来，我天天看它长到什么样了，开花了没有。后来它开花了，又慢慢地枯死了。我想写牵牛花。”

没错，她没有用“爬”，而是用了“攀缘”这个词。她的语言趋向是文学化的。到此，她已有写作文的冲动，并调动了自己文学描写的词语积累。

随后，这篇作文就写得很顺利，半个小时完成，长度为五百字左右。结尾是这样写的：

真是过月如秒啊，一刹那就到了秋天，可怜的牵牛花叶子渐渐变黄，掉落……牵牛花好像在为它的遭遇而哭。牵牛花的死去永远留在我的记忆中，而牵牛花永远在我心中盛开。

我自己备课的时候，有两本参考书，一本是《常见野花》（北京大学植物学专家汪劲武 / 著），还有一本《花卉：一部图文史》（[英] 布伦特·埃利奥特 / 著）。图很多，花很全。我们叫不出名字的花朵，书里都有详细介绍。即使是季节不对，花朵不在，也能拿着认认。

写完作文，依依很有兴趣地翻看那些图，对观察植物似乎真的有了一点兴趣。

划重点：不要紧盯着孩子写作文

孩子铺开本子开始写作文时，最害怕旁边有人虎视眈眈地盯着。所以家长或老师不要一字一句地看着他写，可以走到目之所及的地方，既看得到他在写，又看不到具体内容。如果孩子求助，则随时可以提供帮助。

能够一口气写全篇的孩子不多，大多数孩子是一口气写完一大段。然后就开始困惑："怎么办？下一段写什么？"

我就会走过去，在他不反对的情况下，把作文从头看一遍。提出几个"下段写什么"的方案，让他自己选择。一般情况下，孩子都会认可："哎，这个想法巧妙，我就这样写了！"

有时，孩子眼露疑虑和怀疑，可能是我提的方案，他觉得没法实施：“我再想想吧。”那么我就会走开：“那你就自己想一会儿，想不出了喊我。”直到作文全部写完，我才会细看。细看起来，处处有惊喜，有我料不到的表达。

在我的实验中，这是效率最高的。绝大部分小学生作文，都可以在五十分钟内完成。

二、不了解植物，怎么写“我喜爱的植物”

对于“我喜爱的植物”这个题目，铭铭信心满满：“我已经想好了。”

我问：“你准备写什么植物呢？”

铭铭说：“松树，或者梅花……”

哦，敢情是“松梅竹菊”等几种被提到次数最多的植物。大概在他的脑子里，已经有了一篇作文的模板吧：

> 在白雪皑皑的冬天，青松依然苍翠挺直，它坚强的品格，永远值得我学习……
>
> 在白雪皑皑的冬天，梅花依然鲜艳绽放，它坚强的品格，永远值得我学习……

世界上难道只有这几种植物？

世界上难道有什么植物是不讨人喜欢的吗？

答案是：世界上已知的植物有三十八万余种，人对所有植物都是有感情的。

依依说："我要'以花喻人'！"

我说："那你准备写什么花？"

依依说："写莲花，是花中君子。"

她也看好了例文，脑子里已经自信满满地有了模板。

我说："可是，花有很多啊，就像人各有不同……"

我正好在看有关植物的资料，存了很多图片，就打开图边看边说："我觉得豆蔻是少女，含羞草、丁香都属于少女；垂丝海棠、流苏、玉竹是中国古典仕女；夕颜花夜晚无人时才开放，月见草月明之夜才现身，她们都是神秘的世外美人；虞美人颜色血红，有悲剧色彩，是虞姬的化身。"

有关花的传说格外多。我还搜索到一种"龙女花"，传说世上只有一朵。是龙王女儿的化身，她看到云南大理寺的和尚正在修行，便动了凡心，但和尚不为所动，用剑一刺，她就入地，生成此花。我想：这朵花，这么着急，扎地生根，回不去龙宫了，一直在原地伤心地开放。过去这么多年，就算和尚回心转意，也老死了。只有龙女花年年开放。比起人来，花既长情，又长寿。

一旁的铭铭插话说："花不一定都是女的……水仙花就是男的，他觉得自己很美，在水中照，掉到水里死了；还有，曼陀罗花是魔法师，如果有人拔它，它就尖叫，听到的人不是死了就是疯了……”

我很奇怪：“你从哪里知道的？”

铭铭说：“游戏里有。”

文文说：“还有‘七叶一枝花’‘雪地一枝蒿’……”这也是游戏中出现的宝物吧？它们不仅名字奇异，而且能疗伤治病，起死回生，也算是身怀绝技的花草了。

我说：“其实，以花喻人，没有规定都只能说好的品格。比如凌霄花，你可以说它攀高枝，用尽手段，野心勃勃，显赫招摇；夹竹桃，外表妖艳，心狠手毒；还有更毒的‘见血封喉’和‘断肠草’呢。”

和孩子们一起看了很多花的介绍后，我再问：“你喜欢什么植物呢？”

文文说：“风信子。”

依依说："郁金香。"

铭铭说："绣球花。"

我觉得自己提供的图片有某种误导，很容易让人喜欢外形美艳并带有传奇色彩的花。这样很片面。植物就是植物，有花有树也有草，还有苔藓和绿藻。"苔花如米小，也学牡丹开"嘛，每种植物都值得被人喜欢，甚至连杂草也可以在作文里喜欢一下。

我个人其实不喜欢"我喜爱的植物"这个题目。"喜爱"这个词，用于植物身上，容易厚此薄彼，打压一个抬举另一个，这种文风不好；"喜爱"也太人类角度了，植物如果有感情，人家还不喜欢人类呢！

我说："你们说喜欢风信子、郁金香、绣球花……写成作文的话，大概能写多长？"

文文想了想，说："只能写几句。"

我说："对啊，你喜欢植物的样子，不一定能写好作文。你没亲眼见过，和这种植物没有交集，没有故事，没有联系，你对它就谈不上有什么感情。"

最后，文文选择了写艾草，铭铭选择了写蒲公英：

每个夏季，我都会专门挑一片有蒲公英的原野，尽情地吹蒲公英，吹个够，然后再看着它们随风飞扬。

风一吹动，蒲公英种子就会纷纷离开妈妈，飞到其他地方安家落户。它们不怕艰难困苦，飞到哪儿就在哪儿生根发芽、开花结果。

我想到：长大以后我也要离开爸爸妈妈的怀抱，去寻找自己的土地，自强自立地创造幸福生活。

依依选择了写紫薇：

如果说豆蔻是花中少女，流苏是花中仕女；夕颜是花中的世外美女，虞美人是花中的妃子，那么，紫薇就是花中的格格。

这是怎么联想出来的？是因为《还珠格格》中的格格叫“紫薇”吗？

我家住在护城河边，一到初夏，就能看到很多紫薇花开放。你看她，头顶着紫色的花朵，身穿着绿色的裙子，风一吹，她就摇动枝条，格外美丽。紫薇又叫痒痒树，没有树皮，特别光滑，手一摸树，她就全身都动起来，笑得咯咯响。

紫薇很美丽，装点我的家乡。我喜欢她，也希望像紫薇花一样，做一个乐观爱笑的人。

写完作文，依依说："那个薰衣草的图，我想再看看，是哪里的呀？"

在我搜集的图中，薰衣草田的摄影效果很好，一望无际；紫藤园也不错，花朵铺天盖地，非常梦幻。我查了一下资料，一个在中国的新疆，一个在日本的足利公园。依依又看了一遍图，看来是真喜欢紫色的花朵，她说："嗯，我长大了要去看。"

划重点："好写"和"写好"是两回事

每当孩子写不出作文，找不到题材的时候，就有大人"体恤"地提示哪些内容好写：写写你的"铅笔""文具盒""书包""书桌""台灯"……不是因为它们值得写，而是因为它们刚好就在视野范围之内，好写。

依依有一次很苦恼，因为被大人指定写好写的题材：扫地。我问：是家里新买了机器人扫地机么？不是；是去扫雪地么？也不是。只是拿最普通的扫帚，用一扫一扫的机械方法，扫家里的一块瓷砖地。她写完扫地，又被要求写"洗衣服""叠被子""买菜"……都是家庭主妇觉得好写的内容，不是小学生感兴趣的。

不要自以为是地布置"好写"的题目，给学生指点"好写"的事物。

我甚至认为，一到春天，就指点学生写"春暖花开"；

一到秋天，就写“果实飘香”，也不是什么好主意——这些常识人人都知道。

所谓好写，无非是众所周知的内容。

而这些，恰好不是好作文需要的。

三、不了解动物，怎么写“我喜爱的动物”

有个作文题目，是写“我喜爱的动物”。依依很快就说：“我写狗。”

因为狗很常见，写狗的例文也多。在写狗之前，她心里已经有了一篇“写狗的作文”。

我说：“写狗可以，因为狗好写。但是‘好写’和‘写好’是两回事。你想选哪一个？”

依依是那种要强的孩子，她说：“我想写好。”

我说：“那你先说说你的狗。”

她不好意思了，说自己其实并没有养过狗，但是养过蚕。

我说：“那么你喜欢蚕的什么呢？”

她说：“蚕的奉献。”——春蚕到死丝方尽嘛，显然，在她心里，已经有了一篇现成的“蚕的作文”。

我说：“这样写其实也不好。因为蚕奉献，所以就喜欢。那猪奉献得更多，牛呢？是不是不给人奉献什么的动物，咱们人吃不着人家，骑不上人家，用不上人家的，就不招人喜欢呢？”

她笑了，显然不应该这样。如果丑陋的、凶恶的、远离人类的动物，就不招人喜欢，那么看待动物的眼光首先就有问题。

我推荐她看一部纪录片《点虫虫》（导演：[法] 克洛德·纽里德萨尼、玛丽·佩雷努），是描绘昆虫世界的。用微观的镜头，近距离记录微小的生命，是获奖的经典影片。我问她喜欢哪一段。她说："喜欢屎壳郎滚粪球那一段，特别努力，坚持不懈。草棍子挂住了粪球，屎壳郎还会认真观察，想办法……也挺搞笑的。"

"我喜欢结尾，一只蚊子起飞……"我想了一下，还是加上了文学性的评论，"蚊子的表情，平静而严肃；蚊子的动作，缓慢又有尊严，像一位祭司，在主持一场生命的仪式。"

依依说："那我总不能写我喜欢蚊子吧……我还是喜欢屎壳郎！"

我说："你都喜欢和佩服它了，不能还叫人家'屎壳郎'吧。"

我和依依一起百度了一下，屎壳郎学名叫"蜣螂"，虽然处于食物链的底端，但兢兢业业地生存，养育后代，还是大自然的清道夫呢！的确值得佩服！

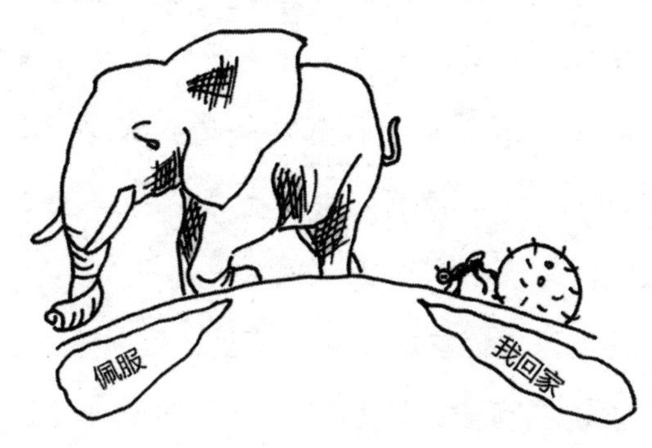

其他打算写"蚕"的孩子，也摒弃了讴歌蚕的奉献，选择了其他角度。下面是其中的一篇。

热爱多姿的生命

每年的春末夏初，我都会养一些蚕。看着它们从幼蚕到大蚕，又结茧，最后破茧而出，变成飞蛾，我认为蚕的生命比人的生命更加精彩和变化多姿。

幼蚕一买回来，我就迫不及待地拿出来看。哇！真丑！颜色灰灰的，皮肤皱巴巴的，这么丑！谁也不愿意碰它一下，而且它每天除了吃桑叶，就是睡觉，像个“懒虫”。令我意外的是，它逐渐长成了一只白胖胖的蚕，在短短的十天内，它从幼年成长到了成年，它生命的步伐这么快呀！

长大了之后的蚕，已经不像幼蚕那么好吃懒做了，它已经长成了一个勤快的蚕了，每天在桑叶间爬上爬下，愉快地玩耍。又过了几天，它竟然不动了，我以为它死了，拿着放大镜仔细一看，原来蚕要结茧了，这才过了两个星期啊，蚕的生命即将结束了，这也太快了吧！

没过两天，蚕就缩在茧子里，不吃不喝。没几天，这些蚕破茧而出，变成了飞蛾，飞到大自然的怀抱，也结束了蚕的短暂生命。

蚕的生命是短暂的，又是丰富多彩的。它们从爬行到飞行，应该为自己的丰富的生命而骄傲。

作者为襄阳市新华路小学王伊然（四年级）

划重点：观察一个生命周期

因为孩子们对《点虫虫》挺有兴趣，我还给他们放了《鸟的迁徙》和《海洋》的片段，后两部片子的导演都是同一个人——法国的雅克·贝汉。有关动物的纪录片很多，我还是选择了同一位导演的纪录片。他的团队连续多年用最先进的技术和观念来记录动物，每部都堪称经典，小学生想要从中认识“人与动物”的关系，写篇作文，素材足够多了。

《鸟的迁徙》让人类有了和鸟同样的视觉，和鸟一起高飞，穿过桥洞，飞越城市……这些画面，当年是无比惊艳的，但如今的孩子们似乎已经渐渐习惯了无人机拍摄的影像，并没有出现我预想的震撼反应。《海洋》的反馈要好得多，即便有的学生去过海洋馆、水族馆，也达不到那样的观察和思考深度。

除了纪录片，我还给学生们放了幻灯片，和他们一起浏览了图文书《我的野生动物朋友》([法]蒂皮·德格雷 / 著)。

铭铭觉得不可信：“她多大？她为什么可以和小豹子在一起玩？”

依依则表示：“等我长大了，也想和动物在一起，我想当驯兽师。”

因为刚刚看了纪录片，观念不一样了，文文立刻反驳：“驯兽不人道！不对，不兽道！”

……

其实我最初的想法并没有要这么深入，我只是想告诉孩子们：“动物，就是动物。不是指家里的宠物，不仅仅包括鸡猫狗兔，牛马羊猪……”

看了这么多，就能写好作文吧？不一定。

理解一种动物，最好观察过它们生命的周期。猫猫狗狗这类宠物，有的父母不许养；那么不会到处跑的总归可以养一养，比如蚕、小蜗牛。实在不行，家里买的鱼、螃蟹等活物，养两天再吃，先让孩子观察一下，应该没有太大问题。

对生命的体验，看书、看电影是不能代替的。

四、没有制作过什么，怎么写有关小制作的作文

我的孩子上小学的时候，总是有“小制作”的任务带回家。等写完作业，时间已经不早了，在家里翻出一些旧纸盒、废瓶子、易拉罐、破袜子之后，常常是缺了胶水少了彩笔，好不容易把原材料弄成碎片，结果不是对不上就是粘不住。弄完了还得美化。最后，孩子倒头大睡，只能由我点灯熬油地完工。

第二天早上，孩子检验了成品，表示还算满意，就呵护着歪歪倒倒的“花瓶”“汽车”“灯笼”往学校走去。当然，这些东西，多半有去无回了。

家有“小制作”的小学生，我也养成了攒破烂的好习惯。牛奶盒啊、包装袋啊，什么都不敢丢，将来都可能是有用之物。

后来孩子上了小学高年级，情形有所改观，学校发了“手工袋”，里面图纸、材料一应俱全。我记得其中的“电风扇”

连电池电线也备好了，做好了一接，真的可以转。

因为有这样的记忆，当看到上了二年级的铭铭空着手来做“小制作”，并需要当场写出小制作的作文时，我很是诧异。

我问：“那你做过什么呢？”

他说：“什么也没有做过。”

“那你总叠过纸飞机、纸船吧？”但是他连这个也没做过，我拿起一张纸，可自己也忘记怎么叠了。我说：“那我们来叠个千纸鹤吧！”

他拒绝：“那是女孩叠的。”

我给他了一本《男孩的冒险书》，说：“请你翻翻，在十分钟之内告诉我，其中有哪一样是你有兴趣做一做的？”

这本书由英国的伊古尔登兄弟撰写，在全球有很大的销量。书中倡导的男孩冒险游戏，可用来对抗现在被电脑游戏侵蚀、被“伪娘”攻陷的男孩成长环境。如果照此书培养，定会走出一个有原始魅力的、放在深山和荒岛上也能存活的、开朗有活力的男子汉。当然，我觉得对于很多中国男孩来说，这本书里介绍的内容只是纸上谈兵。它第一项教做的，就是自己动手建一个树屋。然后爬上去，喝饮料，聊天，看星星……

很多中国男孩连其中最基本的随身工具——瑞士军刀都不曾拥有，更不用说自己有工具房、工具台、工具箱这样的制作设备。因此，用美工刀和胶水随便凑合一个欲歪欲倒的“手工”，是咱们这儿很多手工课的传统。如今，在考试第一的大环境下，这个传统也似乎要销声匿迹了。

但是我依然相信，这本书是告诉一个男孩，他本该做、可以做的手工，而且非常详细地写出了制作材料和过程。

铭铭把《男孩的冒险书》翻了一遍，很快便指着其中一页说：“我写这个，制作弹弓。”

这一页是：“弹弓，男孩子的游戏。”

上面了提到著名的雕像《大卫》，我一直不知道大卫手里拿着什么，原来，他拿的是投石器，也算是弹弓的一种。弹弓帮助这位牧羊少年击败了巨人哥利亚，最终走上了王位。我又想起，中国第一位奥运冠军许海峰年轻时是名震一方的“弹弓王”，因此被选入专业队练射击。弹弓，岂止是游戏，还可以改变历史呢。

我说：“好，就写制作弹弓吧。”

作文很快写完，当然非常顺利。因为书上介绍得非常详细，包括“橡皮带可到修车铺找一段自行车内胎，而中间那块皮子，可以剪一段旧皮鞋的鞋舌”这些细节，都有注明。

最后，铭铭还加了一段书上没有的内容：

弹弓做好了，我想要找一个目标来练练，我不能对准人的脸，也不能对准麻雀，再说麻雀也绝迹了。我找了一个易拉罐，放在五米开外。我拉开弹弓，手轻轻一松，石子像离弦的箭一样飞去，“当”的一声，打在旁边的墙上。没关系，我只要多练习，肯定会成为百发百中的神射手。

我笑着说：“你还真能瞎编。”

他说：“我没有编，我玩过弹弓。”

原来，铭铭买过弹弓，也玩过。只是不知道这东西如何自己动手制作。

在他写作文的时候，我把这本《男孩的冒险书》翻了翻，看到一个材料不复杂、回家可以实验的游戏：“用牛奶写密信”。

这是电影里的间谍常用的、实际上却很容易露馅的密写术。我觉得铭铭应该会对间谍工具有兴趣，就把这一页复印下来给他，也许他将来某个时候（不是用来给女生写

小纸条，而是学校里可能布置回家做小实验，然后写作文）用得上。

划重点：不要默认读者什么都知道

> 我跟马晓军走在路上，看到了杨波，杨波对我说："你怎么还没长高？"杨波走了以后，我问马晓军："我是不是特别矮？"他说："刘青青比你还矮。"

我问："他们是谁啊？"

铭铭说："都是我的同学。"

我说："你这一段直接说'我很想长高'就行了，不用提那么多同学的名字。"

铭铭很不解地问："我确实碰到过马晓军、杨波，还提到了刘青青……"

可是对读者来说，你认识这些同学，我不认识啊！他们忽然都出现，我怎么知道谁是谁？要么你就一一介绍。可是，这篇作文里，我没有必要知道谁是谁啊……

铭铭初写作文，还没有"读者意识"。

我不赞同用作文去讨好"特定读者"，比如讨好语文老师或是家长。不过，最基本的读者意识是应当具备的。

你一定知道汉字的传说吧？你一定知道汉字的历史多么悠久吧……

我对依依说："汉字有什么传说啊？为什么不写出来？至少我不知道，很想听你讲讲呢。"

她不好意思地说："我是在书上看到的，还有点印象，但是具体的也不记得了。"

默认读者什么都知道，于是懒得解释，文章就会粗略仓皇，态度不耐烦；默认读者什么都知道，就忘记了动人的细节，转而去写生硬的议论；默认读者什么都知道，于是乎什么都懒得查证，就会导致资料错误，强词夺理，推理粗暴……

相反，**写作的高手是十分照顾读者的。**

冬天的百草园比较的无味；雪一下，可就两样了。拍雪人（将自己的全形印在雪上）和塑雪罗汉需要人们鉴赏，这是荒园，人迹罕至，所以不相宜，只好来捕鸟。薄薄的雪，是不行的；总须积雪盖了地面一两天，鸟雀们久已无处觅食的时候才好。扫开一块雪，露出地面，用一支短棒支起一面大的竹筛来，下面撒些秕谷，棒上系一条长绳，人远远地牵着，看鸟雀下来啄食，走到竹筛底下的时候，将绳子一拉，便罩住了。

这是鲁迅《从百草园到三味书屋》里的一段，不仅将雪中捕鸟的乐趣写得十分详尽，“拍雪人”是怎么回事，还体贴地用括号解释出来。

五、没看过什么画，怎样走进一幅画

我一直想让学生欣赏一幅画，写篇作文。这幅画我选了《清明上河图》，它非常著名，小学语文课文中也有一篇介绍画面的短文。

我料想孩子们见过的大都是局部，也就是“虹桥”那一截子，对于全幅未必仔细看过。所以，我事先在某宝上搜索了一下，发现《清明上河图》的全画缩小版，只卖两三元钱，就买了好多幅，以便人手一幅，看得仔细一点。

尽管是缩小版，但卷轴打开来依然十分长，孩子们非常兴奋：

“原画到底有几米啊？”“这谁画的呀？”“张择端（画家）可太有才了！”

由于配上了说明，孩子们对画面上的内容都没有理解困难，还时时有自己的发现：

“这是间客栈。”“这是家药店。”“这是个肉铺。”

“哈哈哈，这儿还有个算命的摊子！”

“这儿还有只骆驼。”

我提醒他们看的地方只有一处，就是位于画面上方僻静处的衙门。门口有几个大白天睡觉的差役，长枪靠在墙上。我问：“这说明了什么呀？”孩子们异口同声道：“说明他们懒。”

我说：“但是一般不是这样解释的，这说明画家画的是太平盛世，官府的保安才这么闲。”

刚才的看图，比原先走近了一点，但还可以更近。我观看过上海世博会展示的动态巨幕版《清明上河图》，感觉非常奇妙，也很震撼，便找来资源，给孩子们播放。孩子们被科技的神奇深深地吸引——他们刚才看的画面动起来啦，宋代的人物活过来啦：

> 一辆轿子从城郊一直穿行到城中，不仅有牛叫鸟啼，还有船夫的号子、小贩的吆喝，一个波斯人走着走着，怀里的地图掉出来。到了晚上，天色转暗，街灯亮起，小贩收摊，小孩回家，衙门关门，河里还漂起河灯……

刚才的看图，走得更近了，但还不是走进。

我说："能不能直接走进画面里呢？"

孩子们说："穿越啊？"

他们对穿越类的文字并不陌生，很有兴趣一试。写出来的作文比平时的长了不少，下面是其中一篇。

走进《清明上河图》

《清明上河图》举世无双，今日，我一睹它的风采。

"画得真好啊！"我感叹道。并随手拍了一张照片。我查看刚才拍的照片，忽然发现一个画面上奇怪的身影，那不是我自己吗？我突然感到头晕目眩……

当我清醒过来时，发现自己正站在郊外的小河旁，穿着宋代的服装。什么！我穿越到宋代了？我想："嗯嗯……也行，刚好可以看看宋代的市景。"我迈着像小鹿一样的轻快步伐，准备进城。

广阔的田野上，柳树新芽刚吐，放牛娃吹响牧笛，但那小鸟却不见飞来。远处，茅亭时隐时现，人流也慢慢密集，我也加快脚步，想早日进城。只见城门上写着：汴京！我想："果然是宋朝都城，不然怎么会这般繁荣呢。"走了不到一里的路程，就看见热闹的街市了。

前面有几间茶馆，不时有儿童在一旁嬉戏。右侧，几个劳动的人在码头搬运东西，想必是粮食吧。粮食堆上有一个苦力坐在那儿，大口地喘气。我没有看下去，顺着河边的街道向前走。

街道两侧都有店铺，有客栈，有糕饼店，有药店……真是热闹非凡，再往前走一点，就看见码头了，大小不一的船儿停在那儿，装载着货物。水面波光粼粼，映着岸边的柳树，异常漂亮，河岸上还有一个妇女在洗衣服呢。

哟，前面就是虹桥了，虹桥很陡，上来挺不容易的，下来更是危险。这不，一辆马车和一抬大轿就差点撞到一起，轿夫们喊着："闪开，快闪开！"我的耳畔又传来"使劲啊""加把劲"的吆喝声。我赶紧探身凑热闹，原来桥下有一艘大船正要通过，激流中，船工们正奋力划桨。

走过小巷，大大小小的店铺一眼望不到边，前面有个草棚，聚集了一大堆人。我凑近一看，原来是说书的，旁边还有个算命的摊子呢。我坏笑两声，怕他看出我来历不凡（我忘了，他是盲人），赶紧快步走到一条僻静的街道上。

一对红漆大门呈现在眼前，大门敞开，守卫们把兵器放在一边，自顾自地呼呼大睡。我感叹道："真是太平盛世啊！"走过衙门，前面更加繁华，城门内外都有数不清的店铺：卖胭脂的，卖猪肉的，卖罗锦匹帛的，还有好几家诊所，比如“杨家应诊……”什么的，还有个深宅大院，想必是住着什么达官贵人。街上还有远道而来的骆驼队呢，看来汴京城的“外国人”也不少。

走了半天，我感觉饿了，身上却没有一分钱。忽然，我看见地上有个闪亮的东西，该不是谁掉的铜板吧。我“嘿嘿”地坏笑两下，准备捡起来……猛地，一道白光闪现，我赶紧闭上眼睛。咦，怎么回事？

此时，我正站在空旷的展厅中，眼前还是《清明上河图》这幅画。可是，我的手上怎么会有一个古钱币呢？上面分明还铸着“宋元通宝”几个字呢。

作者为襄阳市新华路小学代巧（四年级）

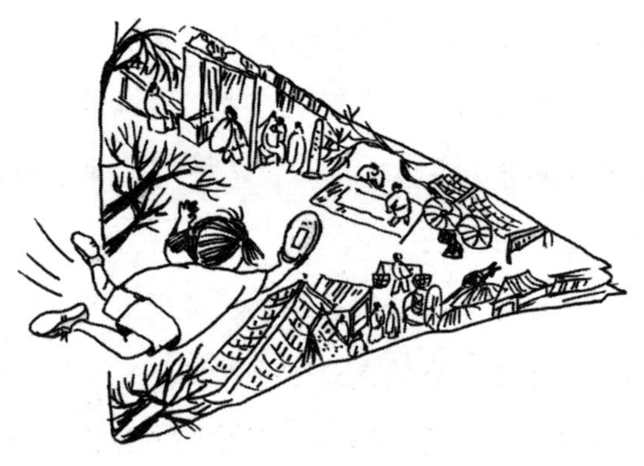

有关《清明上河图》的图书非常多，我觉得师生可以共读的是《笔记〈清明上河图〉》（赵广超/著）。这本书装帧别致，印刷精美，有原画，还有文笔简洁的说明，文字简练，对读者很有启发。

划重点：“没有东西可写”的紧急治愈方法

学生确实会遭遇完全无从下笔的命题作文：没有生活体验，没有想法，甚至连可借鉴、可挪用的范本也想不起来，呆看着作文纸，半个小时、甚至一天半天就过去了。如果是考试的时候，那更是越着急越没辙，哀叹着时间都去哪儿了，还没有好好构思，就交卷了。——这样下去也不是个办法呀！

有一个简单的法子，那就是当机立断，把这个难以下笔的题目迅速改刀、切分、板块化、网格化……其实叫什么名称不重要，就是看你能不能把这个难啃的骨头，剁成三五块，那基本上就可以成篇了。

这是传统思维，网格化的脑子。万事万物，都可以分成“等长等宽”的三、四、五份，山分三山五岳，女有四大美人，写《人生的味道》，无非是酸、甜、苦、辣、咸，写《人生的颜色》，无非是青、黄、赤、白、黑……

传统思维至少能把世界铺开、勾连。四大名著（你瞧，又是‘四大’！）结构恢宏，《红楼梦》写了四大家族，《西游记》写了人、神、妖三界，《三国演义》是魏、蜀、吴的争斗，《水浒》是官与民的斗争……世界不是工整对应的，但一定存在众多的对应关系，只要找出几个，就足够铺开一篇作文，写得满满当当的了。

小学生的思维也可以铺开发散，有个孩子要写《我的性格》，他说："我的性格一句话说不清啊，是好多种。"我一想，也对，人都是多面体："那你就分成金木水火土吧。你有金的刚正，也有水的细腻、火的热烈……土就是你质朴的一面。"他一高兴，写了六七百字。

这种分板块的构思，以思路的广弥补了深度的不足和细节的相对缺乏，不失为一种应急的办法。在考试中，结构不是决定性的，同样分小标题，有得最高分的，也有不及格的。

当然，我希望更多的学生，写出灵动机智的作文，展示神来之笔，"跳出三界外，不在五行中"。

如果某个孩子将来成为职业作家——"没有东西可写"的烦恼，并不会随着他写作技巧的加强而消失，而是将像魔咒一样，每天一醒来，就在脑袋上方萦绕。永远不缺"写什么"的作家，恐怕是没有的；而很多作家，要么重复别人，要么重复自己，因为作家也会"没有东西可写"！

六、舌尖的、体内的、情感的吃食

当你嗜辣，感觉从舌尖到身体内部的灼热，继而开始冒汗，觉得释放了淤积的不爽；当你饮冰，感觉寒气的尖锐刺激，继而打一个激灵，觉得体内的热气被逼退……五味给人的感觉并不只是在舌尖，它是直接深入到体内的，这种感觉又很个人化，别人的感觉不能代替。

最爱国的是胃，最思乡的是胃，最恋家的也是胃，来自身体的对食物的感觉是最不会欺骗人的，它能道出我们对什么最有情感。

看了纪录片《舌尖上的中国》，我觉得孩子们也可以写写美食，就选择了其中的“主食”片段试着放了一下。

依依说：“看起来不咋好吃啊！”

看来主食这东西——馒头、包子、面条、糯米团，样子笨头笨脑，没有菜品俏丽迷人。看到结尾，没有看到“我们襄阳的牛肉面”，铭铭表示失望：“这节目不怎么全面。”

美食纪录片，孩子们尚且不喜欢；那么美食作家的文章，肯定更难唤起孩子们的阅读兴趣……我灵机一动，想起有部系列动画短片《包强》。“包强”是个拟人化的包子，他圆头圆脑，一身功夫。他还有伙伴呢，比如面条，是一位窈窕淑女；土豆，是一个憨厚的汉子。包强和伙伴们在厨房里不仅又唱又跳，展开了活色生香的表演，也有矛盾和争斗。中国包子还与日本寿司进行了一场大比武呢！这个系列能看到食文化电影，比如《食神》，的影子，孩子们看得非常兴奋。英国摄影师卡尔·华纳创作了一组名为《风景如此美味》的作品，用茄子、南瓜、菜花、鱼片等，拼成了梦幻般的童话风景。我找出图来给孩子们看，孩子们觉得很神奇，很好看。

美食固然多，但写什么好呢？

铭铭家里就开着牛肉面馆，而且是本地有名的一家，他很内行地介绍做牛肉面的门道，很有自信地去写“襄阳的牛肉面”了。

> 牛肉面要从前一天晚上做起。用适量的水将面粉反复揉和好，在上面撒上碱、油，制成碱面放在锅里煮。煮八成熟后捞出，再将牛油倒入锅熬，在上面放一些

佐料：花椒、胡椒、辣椒等，要把佐料里的香气全都熬出。

早上有客人来吃饭时，把面在开水锅里捞一捞放在碗里，再捞几勺熬好的牛肉，浇一些牛肉汤，放一些葱花，一碗热腾腾、香喷喷、五颜六色、鲜艳悦目的牛肉面就成功了。

牛肉面吃起来让你辛辣出汗，回味无穷。严冬腊月，当你瑟缩发抖时，一碗牛肉面，包你周身透热；盛夏酷暑，当你茶不思饭不想时，一碗牛肉面，准让你食欲大增。

大部分孩子都跟风写起了牛肉面。也有孩子写其他美食的，下面就是其中的一篇。

襄阳的胡辣汤

那一天，像往常一样，我奶奶带我去喝胡辣汤。

还没有走到摊点，麻辣味立刻钻入我的鼻孔，勾起了我的食欲。我端起一碗，轻轻用勺子搅拌，感觉像在画一幅画：面筋，像游泳的鱼；海带是几株青翠的海草，还有木耳、香菜……我再也忍不住了，赶紧喝了一口。

胡辣汤一入口非常滑爽，但慢慢就有一种辛辣的味道，呛得我有点想流眼泪，海带和面筋很有嚼劲，吃起来真有趣。我"咕噜咕噜"三下五除二吃掉一碗，放下碗，舔舔嘴唇，感到浑身都通了气，呼吸都畅快了好多。

胡辣汤还有个传说呢。据说皇帝朱元璋逃难到农民家里，农民没有什么东西端出来，只能把所有可以吃的东西，还有所有调料都混在一起煮煮，端给皇帝吃。又累又饿的皇帝，"呼啦呼啦"喝完，觉得从来没有吃过这么美味的东西，就起了个名字叫"呼啦汤"；后来才叫"胡辣汤"的。

我的家乡有很多美食，比如牛肉面、大头菜、黄酒，但我最喜欢的是胡辣汤。冬天的早上吃一碗胡辣汤，一整天身体都是暖暖的。家乡的美食就是这样，虽然其貌不扬，但暖在心头。

作者为襄阳市新华路小学王雅璇（三年级）

划重点：捉到"神出鬼没"的灵感

怎么捉到灵感？

有人说要喝酒，喝完之后蒙头大睡，起来之后灵感就来了。比如杜甫称赞李白道："李白斗酒诗百篇，长安市上酒家眠。"

也有人说要发狂，比如郭沫若回忆创作《地球，我的母亲》时写道："那天上半天跑到福冈图书馆去看书，突然受到了诗兴的袭击，便出了馆……赤着脚踱来踱去，时而又率性倒在路上睡着，想真切地和'地球母亲'亲昵……"

也有人说要冥思苦想，灵感自己便会飘然而至。比如德国作家歌德说："诗意突如其来，我仿佛非马上把它写出来不可，在这种梦行症的状态中，我往往面前斜放着一张空白稿纸而没有注意到，等我注意到时，上面已经写满了字，没有什么空白可以再写什么了。"

上述经验——喝酒，发癫，浪游，念咒，拜佛，乃至于梦的指引或神的旨意……对于学生来说，都并不适用。

其实，写作文的灵感一点也不神秘。学生主要是练习，而不是创作，只要不把标准提到伟大作家的水平，要求写出万古流芳的神作，那么召唤"灵感"，就十分简单了。

有一次，作文题目叫"我渴望……"。学生说："写什么呢，没有什么可写啊！"——其实他有可写的，只是缺乏自信，希望老师做一下框定和提示。我就说："我渴望长大，我渴望长高，我渴望和平，我渴望环游世界，我渴望飞翔……"这时，大部分学生觉得有点灵感，就开始写了。还有一部分同学仍然抓耳挠腮。

有个学生写的是《我渴望做反恐精英》，这个题材我没有办法提示。因为这个学生经常打《反恐精英》这个电脑游戏，希望将来也能真枪实弹地练练。我自己不仅没有这个渴望，而且根本不晓得世界上有《反恐精英》这么个游戏。

我说："这位同学写了《我渴望做反恐精英》，我觉得很好，把游戏和现实结合起来了。"这么一说，另一个表示没什么可写的同学，忽然有很多东西写，好像进入了一个秘密藏物的山洞，不知道选哪一个好了，他一下子起了好几个题目：《我渴望做风中战士》《我渴望做足球经理》《我渴望做大富豪》《我渴望回到石器时代》——都是由电脑游戏得到的启发。

有两位同学，平时是好朋友，一位有了灵感，想了个好题目《春天给我的一封信》，并且开始写了："有一天，我收到了一封信，上面说：'我要来了，你快看，叶子快绿了，花儿快开了，小山上的雪快融化了，你快穿上春衣……'

你们猜猜，春天拿什么给我写信？对了，它拿树叶给我写的信，它的眉毛就是柳树，鼻子是小草，嘴巴是花儿，眼睛是天上的白云。这就是春天给我写的信。”另一位就坐在她旁边，尚未找到“灵感”，就说：“我能不能写《冬天给我的一封信》？”——这应该被训斥为“模仿”“抄袭”“偷灵感”么？

率先找到“灵感”的孩子，灵感来源于他的生活，以及他的阅读，必须大力表扬；而随后“跟风”也找到了灵感的孩子，也不应该大加斥责。

对孩子来说，他们正在学习写作文，不能拿创作标准来衡量。思维的互相借鉴，互相启发，甚至是互相“山寨”，进而在“山寨”的基础上改进，是提升最快、最不应该被打击的灵感之路。

七、什么都没观察，怎么写丰富的所见

我想了一个题目，写“我看见……”。

文文说：“我看见……写看见了什么？”

我说：“随便，你看见了什么就写什么。”

依依说：“是写看见的所有东西，还是某一次看见的？”

我说：“随便，你想写什么就写什么。”

让孩子们“放飞”去写，孩子们反而没了头绪：好像万千事物涌过来，都可以写；又好像眼前空无一物，没有什么可写。

铭铭说：“我能不能现在出门，看一看外面，再回来写？”

我说：“不行，你又不是照相机，照相机还有存储功能呢。”

孩子们想了一阵子，似乎有了内容，也就开始写了。

之所以写“我看见……”，是为了解决一个问题：观察。

所有的作文指导，都要求“认真观察”，孩子们自己也常常推脱：“我写不出来，我没有认真观察，等我先出门观察一下。”

我对此一直不解，也一直好奇，我不相信一个正常人是睁眼瞎，每天什么也没“观察”。

我认为有些老师对作文要求中所说的“观察”有些误解，以为写不出东西，是不长眼睛，于是刻意训练，比如要求学生“观察一盏台灯”。在观察之前不断地提醒孩子们长眼睛，长了眼睛又担心东张西望，没有看到该看的地方，事先要细心地指导一番：

“写台灯之前要怎样？要观察。按什么顺序观察呢？要先整体再局部，先外部再内部。观察哪些方面呢？大小、颜色、功用、发光的原理。还有材料，塑料的还是金属的，玻璃的还是木头的……”

这样限制和规定学生的眼睛往哪里看，真是没必要。我们认为某个人该看的东西没有看到，不是因为他不带眼睛，只不过兴趣点在别处而已。

有个故事是这样的：记者问俄罗斯总统普京：“请问总统先生，您家的沙发为什么选明黄色的呢？”普京说：“我家的沙发是明黄色吗？我从来没有注意过沙发的颜色。”

可以说普京没有学会观察，没有观察力吗？当然不是。普京肯定有极强的观察力，只是他的观察不在生活小事上罢了。你也不能按照自己的兴趣，强迫和指导普京，要他多观察家里的沙发，从外到内，从颜色到质地……

所以，我的确想了解一下，孩子们到底留意什么，对什么有兴趣。从实用的角度说，也为将来的作文遴选出一些有价值的“影像存储”。

写到一半，铭铭还是不放心：“我写看见了日出行不行？”

我说行，他便继续往下写。

完成的作文我一看，挺好的啊！他写自己一直想看日出，但是因为种种原因没有如愿：起得太晚、楼房太高、不巧下雨……终于有一次去海边，在做了万全的准备后，铭铭看到了日出，日出非常好看。

“太阳刚刚升起的时候，黄得跟母鸡刚刚生下来的鸡蛋

的蛋黄一样，然后……”铭铭只有七八岁，写到激动人心的地方，反而词穷了。五年级的孩子刚好带了语文课本，上面有《海上日出》（作者：巴金）一课，于是参考课文，加一点想象，帮铭铭凑了下面的段落。

然后，鸡蛋黄越变越红，好像要生出太阳了，不一会儿，那里出现了太阳的小半边脸，一步一步，慢慢地向上爬升，到了最后，终于冲破了云霞，完全跳了出来，太阳忽然发出了夺目的亮光，旁边的云片也突然有了光彩，连我自己也变成明亮的了。

多数孩子一直埋头写着，作文呈现的是翻卷不穷的图像，下面是我很喜欢的一篇。作者同样只有七八岁。

我看见

我看见了小花向我微笑，我看见小草向我点头，我看见了柳树的枝头正在发芽，我看见小溪在流淌，我看见阳光在发光，我看见微风在吹拂。我看见了大自然。

我看见蜜蜂在采蜜，我看见蝴蝶在花丛中起舞，我看见小猫在捉老鼠，我看见小鸟在枝头玩耍，我看见小兔在吃萝卜，我看见鱼在水里自由自在地游，我看见熊猫在吃竹子。我看见了动物生长。

我看见地里的农民在浇水，我看见船上的渔夫在捕鱼，我看见学校里的老师在讲课，我看见医院里的医生在给病人治病，我看见了小孩在上学，我看见儿童在院子里游戏。我看见了人们的生活。

我看见了鸟妈妈在给小鸟喂食，我看见了一位母亲在给孩子准备白开水，我看见孩子发烧、母亲着急的样子，我看见大街上有人在为生病的人捐款，我看见一个小孩在为受伤的小鸟包扎。我看见了爱。

我站在大树上看自然，我站在屋顶上看动物，我站在低低的云上看人，我站在半空中看爱。

我看到这一切是多么美好，我多想融入到这里去，可是，我已经是另一个世界的天使。

作者为襄阳市新华路小学熊民悦（二年级）

划重点：作文不要过度修改

还记得我最初从教时，每周都要把学生的三五篇作文排上版，配上图，加上点评，发给学生看。有一次，我发现了一篇挺好的作文，但又觉得可以更好，就动笔修改。没承想越改越多，于是手一滑，整篇作文改头换面了。改好了之后，我自己很满意，觉得此文境界提升，面貌一新。

但是发下去之后，这篇作文的作者并不开心。她露出难以置信的表情，看了一遍又一遍，终于忍无可忍，把自己的这篇作文撕了。

下课后，她被我批评，哭了起来。

我说这篇作文只是底子好，经我改过仍不完美，还有几处要修改。她也想通了，觉得我说得有道理，又拿回去改。改了三稿之后，我觉得越改越生硬，最后结束了这次劳民之举。

这次修改，对我们师生双方都是挫败经历，耗损了我们之间的信任和精力。最后，谁也没有得到任何实际的收益，没有成就感。如果我当初只是稍微改改错字，顺顺句子，把这篇虽不完美但也相当不错的作文，放到我编排的作文小报中，好好表扬和推荐一番，相信学生会更欣喜，并且乐于保存，而不是揉巴揉巴扔掉。

对于作文修改，很多人笃信“文章不厌百回改”“好作文是改出来的”。我觉得这种说法有两个前提：第一，本身是好文章的坯子，有改的价值；第二，作者有自主修改的意愿，有认可的修改方案。

家长拿到孩子的作文，如果没看到老师用红笔大批大改、大删大添的内容，就会觉得老师没有尽到责任。还有很多家长，自己根本写不出作文来，但是改起作文来劲头十足、理由充分，这不是很奇怪么？

一般说来，学生积累到七八篇作文，我会和学生一起挑出几篇，记下篇名，让他们“有时间”修改。

“有时间”，分很多种情况：

一是指“考试”或“在教室里规定的四十分钟内写作文，当场提交”等等场合，需要写急就章；二是指“投稿”“征文”“参赛”等场合，需要精致打磨，提升作文品质；三是指平时作文练习时，“没有命题”“找不到写什么”等暂时空白的作文时间。甚至半年一年之后，有了新的素材补进去；或者作文技术提升，更能驾驭这个话题的时候，再来改这个作文……作家也常常在几年之后修改自己的稿子：短篇变长篇，日记变小说。

有时，我“指导”着他们改；有时，学生说：“我已经把它投稿了。”我说：“那篇作文还需要改呢！”他说：“我改了一下，投出去了。”在考场中，“改”自己平时写的作文的情况就更多了。可以说，**考场的高分作文，多半是平时作文的“修改提升版”**。

如果一篇作文彻底写坏，无药可救怎么办？**我认为写坏了就算了，这最不要紧；换个题目再写，兴许就好了。**

作文的重要性，可以放大为“文章千古事”；也可以简单视为一个大题目，就像其他学科的最后一道大题一样。

第三章

体验童年生活

一、四季，不要在作文中轮回

依依说："这周的作文题目是'我爱秋天'。"

我看了看外面，以为自己时空倒错了：寒风正在满树枯枝中穿梭，打着呼哨，看起来是要下雪的前兆，明明已经到了隆冬时节。我问依依："已经冬天了，怎么还写秋天啊？"

她说："对啊，对啊，还要求写'金色的秋天'，我这是第三次写这个题目了。"

我问了问其他学生，也差不多，"我爱春（夏秋冬）天"，都在作文题目中出现过。其中写得最多的，就是"春天"。"我爱春天"一年要写两三遍。春天一到，老师让写一遍；自己想不起写什么了，再拿出来写一遍；爸爸妈妈随口布置个题目，又让写一遍。春夏秋冬，在自然界一年只轮回一遍；在作文里，可就不知要轮回多少遍了。

写四季的具体内容也轮回：春天，绿色的；夏天，火红的；秋天，金色的；冬天，银色的……实际上，学生经历的可能是非典型四季，比如“凉快的夏天”或“无雪的冬天”。又或者学生根本不爱夏天，讨厌冬天，厌烦秋天，春天似乎好点……但也有古怪的作家比如梁遇春，写过“丧”的散文，讨厌阳光明媚的春天。不过，小学生写作文，不允许对四季表达负面情绪，每个季节都必须像年画一样色彩明媚。

所以说，“我爱（家乡的）春（夏秋冬）天”，是重复到令孩子们腻烦的作文内容。

依依刚学作文的时候，只要让她自主命题，她就会写“我爱四季”，春夏秋冬都写过不止一遍。后来我知道了原因：这样的作文里，出现诸如清澈的流水、宛转的鸟鸣、艳丽的桃花、皑皑的白雪等“美词美句”，更容易被老师在批改时画上红线，表示赞赏。

“美词美句”不新鲜了，她又搞所谓的创意，改为“我爱‘春姑娘’”（“夏姑娘”“秋姑娘”“冬姑娘”），再轮回写几遍。还有与“季节姑娘”配套的“太阳公公”“风婆婆”“河伯伯”等，也轮回出现。

我自己从来不会布置“我爱四季”这样的题目——但也准备了一些剪贴，春夏秋冬各一本，前人的各种“优美描写”都有。当孩子们苦恼没有“美词美句”，不会以花腔女高音唱季节赞美曲的时候，可以翻翻看看，各取所需。

对于爱写“春姑娘”的依依，我给她看了一个动画短片 *Four*（《四季》），片长 3 分 11 秒。开头是一个穿绿褐色衣服的小小少年，蜷缩在洞穴里。渐渐地，有水滴下来，他醒了，试探着走出洞穴，所到之处，处处飞花，步步生莲……

看到一半，依依恍然大悟：“他是一颗种子！”小小少年，经过了春回大地、繁花似锦、落叶萧萧的四季旅行，在冬天到来之前，又回归为一个绿褐色小人。他回到洞穴里，拉下帽檐，抱紧自己，等待着下一个轮回。

依依说：“他是春姑娘么？不对，他不是春姑娘，也不是秋姑娘……”

我说："你把四季想象成什么都可以，没有规定必须是姑娘啊。"

划重点：没有"好词好句"，那就不用

我经常看到一些学生，有这样一个笔记本，专门用来抄好词好句。

先写上：

> 某年某月某日。天气：晴。
>
> 成语十个：姹紫嫣红、义愤填膺、指鹿为马、鹤立鸡群……
>
> 词语十个：嶙峋、崎岖、龌龊……
>
> 古诗句两句：野旷天低树，江清月近人……
>
> 歇后语三个：小葱拌豆腐——一清二白……
>
> 俗语一个：种瓜得瓜，种豆得豆。
>
> 名言一句：知之者不如好之者，好之者不如乐之者。（孔子）

再写上一段好段落：

> 这堵石壁似摩天大厦仰面压来，高得像就要坍塌下来，咄咄逼人。山巅上，密匝匝的树林好像扣在绝

壁上的一顶巨大的黑毯帽。

一天一天又一天，一段一段又一段，一本一本又一本。术语称之为积累本，抄得密密麻麻，整整齐齐，孩子们对此兢兢业业，持之以恒。我问："是你自己要抄的，还是老师让抄的呀？"

回答当然是："老师让积累的。"我说："这其实没有什么用。"家长总是半信半疑地说："啊？肯定还是有一些用的。"

我无法知道为什么要抄这些，也许是看着孩子闲着没事，给他每天找点事情干吧。我只能在心里说："上帝啊，原谅他们吧，他们不知道自己在干什么。"

当然，师长们还好心肠、很体贴、似乎很科学地认为，光抄写不行，还得运用。于是，布置作文题之后，还给出一堆相关的词语，让孩子们在作文里用上。

写花就"百花盛开、争奇斗艳、五彩缤纷、色色俱全"；写旅行就"跋山涉水、餐风饮露、水送山迎、赏心悦目"。天气不错，就"风和日丽"；天气不好，就"绵绵细雨"；雨越下越大，就"暴雨倾盆"；晚上下得更厉害，就"铺天盖地"。春天就"春风拂面"，秋天就"金风送爽"，夏天就"凉风习习"，冬天就"寒风凛冽"。到了湖边，就"落霞与孤鹜齐飞，秋水共长天一色"；到了草原，就"天苍苍，野茫茫，风吹草低见牛羊"……

其实，过分依赖现成的词是有害的，更是一个成熟的写作者所不取的。

作家萧红的《呼兰河传》是这样开头的："严冬一封锁了大地的时候，则大地满地裂着口。从南到北，从东到西，几尺长的，一丈长的，还有好几丈长的，它们随时随地，只要严冬一到，大地就裂开口了。"

这些语言凌厉而有痛感，几乎没有什么成语，类似儿童的语言。这才是真正的好词好句。

如果萧红运用"好词好句"，这样写开头："严冬来到，冰天雪地、天寒地冻、滴水成冰、银装素裹……"还有什么个性吗？还有什么看头吗？这一堆毫无观察感的词，真的是从小生活在大东北的作家写出来的吗？

所以说，没有"好词好句"怎么办？我的建议是：算了呗，一样能写。

不会用"倾盆大雨""狂风暴雨""瓢泼大雨""大雨滂沱"，那就不用，作家老舍写暴雨也没有用这些词，他是这样写的："空中的水往下倒，地上的水到处流，成了灰暗昏黄的，有时又白亮亮的，一个水世界。"

二、节日，岁岁年年人不同

我不赞成一到“节假日”，就让孩子写这个题材的作文。

传统民俗节日写一遍：春节、清明、端午、中秋；二十四节气写一半：立春、立夏、立秋、立冬；小暑、大暑、小雪、大雪。公共假日写一遍：妇女节、劳动节、儿童节、教师节、国庆节；不是公共假日的也得写：植树节、母亲节、父亲节；孩子自己非要过的节，又写一遍：愚人节、万圣节、圣诞节……

除了节，还有日：爱眼日、爱牙日、爱耳日、助残日、世界艾滋病日、世界环境日、世界读书日……都有可能让孩子写作文，或办小报。

如此一来，孩子们的作文题材只怕要被“节假日”占满了。

我希望学生们不是每到节假日就百度一下，把公共资料整理整理，凑一篇作文。如果真的需要写，那不妨更深入一点。

比如清明节。

我问孩子们："你们清明节吃什么呢？"春节吃饺子，元宵节吃汤圆，端午节吃粽子，中秋节吃月饼……传统节日在现代，似乎重点就是吃。但清明节，有什么特别的吃食？

文文答不出来，铭铭说"吃面"，依依说"蒸包子"。

我准备了一则短片《青团》。在江浙一带，"青团"就叫"清明果"，是用糯米粉和艾草汁混在一起蒸的。颜色鲜绿，模样可爱，据说有春天原野的清香气息。孩子们边看边说："好想吃啊！"

我正等着这句话呢，马上从袋子中拿出准备好的青团。准备这些青团，还费了一些周折。我自己没吃过，也不会做。某宝上有一些标明"农家自制""妈妈手做"的青团，考虑到食品卫生问题，我没敢买。最后买的是邻家做了准备上市摆摊的，我亲自监督了制作过程。每个团子都独立包装，我又用绿色的纸，在外面包装了一下，每一只都画上五官。青团就像一个一个戴着绿头巾的小娃娃，很是可爱。

我试吃过一个，感觉除了颜色青绿，没什么特别，就是个有馅料的糯米坨。孩子们也许饿了，都说挺好吃的。我也放心了，问他们："你们知道为什么吃青团吗？因为这就是'寒食'啊！"他们说："原来这就是'寒食'啊。"——

我是有多么用心良苦，生怕他们吃完了，嘴一抹，就忘了“传统文化”这回事。

接着，我播放了名为《寒食》的小短片。“火烧绵山”啊，介子推啊，“插柳”“寒食”等习俗的由来……故事还挺复杂，不是一句两句能说完的。

铭铭问：“是不是要写作文？”

我说：“是的。”

铭铭已经等不及了，在作文本上写开来：“说起清明节，我先给你讲一个故事……”

我赶紧说：“先不忙着写……这个故事我刚讲给你，你马上又讲给我。你说我能有兴趣听吗？你就是写上几千字，也属于公共资料，没有什么价值呀。”

“啥叫公共资料？”

“就是一些知识，大家都能引用。”

我又问："清明节你们去扫墓了吗？"一些孩子随父母回老家扫墓了，一些孩子则因为课业忙的理由，在家里宅着。我说："据说现在有一种新的业务，叫作代人扫墓。要是忙得走不开，就可以花钱请人扫墓：上供，敬香，念祭文；磕头，大哭，喊爸妈……代人扫墓的人会把全程录下来，从网上发给客户。你们对这件事怎么看？"

随着时代的变化，传统节日其实年年都有新话题，我很想听听孩子们的看法。

依依说："这太假了吧？"

铭铭说："哪有这样的？那中秋节会不会搞代客团圆啊？"

文文说："他们可以在网上祭拜。"

经过讨论，孩子们觉得"网上祭拜"是个好办法，不会污染空气，也不一定非要在清明节祭拜。关键是亲人虽然去世了，但他和这个世界的联系还在，无论什么时候，都可以由后人补充资料，并被长久地记住。

这节课，有两个作文题给孩子们选：一是评论网络时代新的扫墓祭拜方式；二是为家族中去世的亲人写一则生平，可长可短。孩子们写得最短的，是这样的：

我的表弟，强壮的身躯，结实的拳头。这是我在小时候就领教过了的。那时常笑着说，10个我也打不过一个他。我只能在心里叹口气认输了，心想长大了再赢回来，却没有想到再也没有机会了。他只活了3岁。

有关节气的书很多，我推荐的是《P历节气》（PP殿下/著）。这是一本绘本，有很多图，采用了旧年历画的风格，很可爱，还赠送二十四节气贴纸，适合小学各年级孩子阅读。

划重点：不要打击学生“堆砌词语”

写作文时，文文边写边问：“演yì的yì，怎么写？”我在纸上写：“演艺。”他说不对，我说：“是三国‘演义’么？”他还是说不对。

我看了他的那段话：“看到天上的银河，人们演__出牛郎织女的故事。”我明白了，他要用“演绎”这个词。我大大表扬了他：“演绎这个词你都知道了？真了不起。”我想：他不知在什么地方接触到这个词，原来没有使用过，这次用上了，而且用得正确。这个词，原来是别人的，是公众的；现在进入他自己的词语库了。

这才叫“积累词语”。

积累词语，不能被动地、痛苦地、无效地抄，而要主动地、愉快地、有效地用。

孩子在三岁左右，语言能力会出现一次跨越。据说这源自求生欲，比如大人说“不要往楼下跳，会死”，听得懂的孩子就活了。这一次语言的跨越主要是听和说，是口语能力。

大约在三年级左右，孩子的书面用语出现一次跨越，词汇量大增，形容描绘更自如，他们特别乐于显摆一下：

> 五一节放假，我和爸爸妈妈上街，街上真是人山人海、川流不息、车水马龙、熙熙攘攘啊！

确实有点词语堆砌，不过，在这个阶段，就让他堆砌一下没什么大不了。

三、旅游，郊游，游玩，玩耍……别宅游

说起写观光游览的作文，很多孩子见多识广，对此并无困难；但不可否认，还有一部分孩子声称由于“家长不带我玩”“没钱”“写作业忙”“放假上补习班”等原因，除了家和学校，什么地方也没有去过。铭铭就是这样的。

我问：“你出过国吗？……没有，那北京、西安这些古城去过吗？那黄山、三峡这些名山大川去过吗？那新疆、广西这些少数民族地区去过吗？”答曰：没有。

我灵光一现：“那你总有老家吧？地名里带什么镇、岗、湾、坪、谷、铺、沟、集……田园风光也是风景啊……你连老家也没有去过？”

我不甘心：“那本地的呢？米公祠、鹿门山、习家池、鱼梁洲……你晚上总到汉江边散过步吧？”

我再问：“那你上学路上，总能看见一座花坛、一条绿化带、一窝草、一棵树吧？你住的小区，总有草坪吧？你

家的阳台，总有一两个盆栽吧？”

我接着问：“那实在不行，还有一种旅游叫宅游，就是在自己家里转来转去，发现家里其实藏着意想不到的风景：淋浴一开，那就是黄果树瀑布；水管一开，那就是长江奔流；柜子打开，里面像七星岩溶洞一样应有尽有；从卧室走到客厅，那就是跨国游览……”

铭铭忍不住了，说：“真的要这么写呀？”

我说：“那当然不是了。”

为了解学生对旅游景点风物的积累，我画了一幅中国地图的分省简图，每个省都有一些景点，这些景点的选择是根据《中国最美的100个地方》这本书来的。网上也有电子版可以读。这书据说很权威，也挺全面，图文并茂，有山、湖、洞、海，城市、村落、沙漠、冰川，等等。

我设计了一份满分为一百分的卷子，都是很简单的题目，让学生用标注、连线、对号等方式，答出自己知道的景点。

孩子们没做过这种内容的卷子，热情很高，二十分钟就答完了。正确率高的，能得六七十分，知道一多半“中国最美的地方”；正确率最低的铭铭，得了几分，只知道北京、三亚等城市。

我问铭铭：“你答的这几个景点，有去过的吗？”

铭铭看了半天，说：“我只去过武汉。”我说：“武汉也行……那你是要写游黄鹤楼，还是古琴台呢？”他说：“我去走亲戚，没有出去玩过。”我说：“那你看到什么了？”他说：“我看到我表姐了。”

好吧，我无语了。

又过了几个月，快放暑假了，铭铭说：“我表姐一家要去湘西玩，还要带我去。”

看到铭铭开心，我也很开心，铭铭有了一个不用宅游的假期。铭铭说：“我想再看看那本《中国最美的100个地方》。”这本书中，收录的就有湘西的凤凰古城。我把那几页复印出来给铭铭，又复印了其他一些有关凤凰古城的文章，特别是选择了一些文笔比较美的。这样，他若遇到心潮涌动却表达不出的“关头”，能学着点，甚至“引用”一点其中的句子。

开学之后，铭铭已经可以写相当优美的游记了，综合了他自己的游览、我给他的资料以及他表姐的“辅导”。我觉得铭铭迈出了很重要的一步，也是很愉快的一步。

他游记的开头是这样写的：

据说在世界上，有两个灾难深重却又顽强不屈的种族。他们的历史，几乎是由战争和迁徙来谱写的，那就是中国的苗族人和分散在世界各地的犹太人。聪明的苗族人，在凤凰古城扎下根，每日望着沱江，过着神仙般的日子。

结尾是这样写的：

我参观了杨家祠堂等地方，这里有民族风情展，第一间有一座抬新娘子的轿子，第二间是石磨等工具，第三间是木版画。另外一个院子里，每一间都放着明清、民国的东西，有眼镜、钱币、绣花鞋，还有抽大烟的烟铺、桌子和烟枪呢！

凤凰旅游就要结束了，看那近树掩映着远山，捶衣声轻叩石桥，水车转着沉寂的年轮……我真想再次来到凤凰古城这个美丽的地方。

划重点：不要把快乐的旅游，搞成“文化苦旅”

有的家长说：“孩子说没有什么可写的，我们就专门带她出去参观了一下。”

还有家长抱怨说：“我也经常带他旅游啊，去了那么多地方，他什么也记不住。”

家长真是用心良苦，可以理解。不过，不要把找题材找内容的任务，全都推给旅游——除非你是一生都在游历的徐霞客。更不要每次带孩子旅游前，都在他头上罩一团乌云：“回来是要写游记的！”

我觉得不要把快快乐乐的旅游，搞成个“文化苦旅”。每到一处，就恭敬地拿个小本本，抄下景点的铭文；或者亦步亦趋地跟紧导游小姐，生怕漏掉了她说的每一句话。孩子回来之后，还要抓耳挠腮地想形容词，还要谨记写游记的要求：

不能啰里啰唆记流水账，不能走马观花写得没有重点，不能东扯西拉没有顺序，不能写山水不美，不能写景点的管理有问题，不能写食宿不好，不能写跟旅行团发生了不愉快，不能写多走了冤枉路，不能写多花了冤枉钱。不能写这样的景点太糟糕了，以后要注意改进；不能写太失望了，各位一定不要再去……

只能写某处的山“真奇啊，像巨象，像骆驼，拔地而起、奇峰异石、悬崖峭壁、怪石嶙峋、巍然挺立、重峦叠嶂、连绵起伏、崇山峻岭、千峰万仞……”

真的是很苦恼啊！

其实写游记并没有一定之规，因为旅途中充满着新奇和意外，旅途中的故事不是按照旅游图册上的记述发生的。散文家丰子恺先生写过《半篇莫干山游记》，他觉得“只有去时的途中可以记述”，车还没有走到风景点，文章就结束了，一句风景也没有写，读起来也妙趣横生。

也许孩子记不住“怪石嶙峋”，记不住这个景点是纪念哪位伟人的，但我想他会记住别致的吊脚楼、特别香辣的一顿饭、抢了他零食的猴子、好玩的转盘，记住有一面之缘的怪人，以及奇怪的方言，等等。游记之中不是只有风景，还有人，还有过程，还有发现。

四、比小时候更小的时候，有什么趣事

好奇怪哦，小学生到八九岁的时候，就被要求写“童年趣事”。他们常常抓耳挠腮，想不起自己的童年。我比他们更觉得奇怪：“现在不就是你的童年么？比现在更小的童年，那是几岁啊？”

年龄太小记忆不完整，所以，小学生的“童年”——比小时候更小的时候，也就只能圈定在三岁至六岁这个年龄段，即未上小学之前。

那“趣事”是什么事呢？

依依说：“我写堆雪人行不行？”

我说：“行是行，但堆雪人不一定有童年特征，你今年可以堆，明年也可以堆。堆雪人跟下棋啊，钓鱼啊，打羽毛球啊差不多，就是一般的娱乐或运动嘛。你到了老年，还可以把堆雪人写成‘老年趣事’呢。”

铭铭说：“我小时候和小伙伴比谁能从更高处往下跳，

先是站在凳子上往下跳，后是站在桌子上，然后站在梯子上……”

我说：“然后呢？是不是摔断了胳膊或腿，被妈妈骂了一顿？”他不好意思地笑了。

孩子们想了很多“趣事”，基本上就是“趣事变坏事”“喜剧变悲剧”的节奏。很多小孩子觉得有趣的事情，并不受大人的鼓励，因为其中的调皮捣蛋行为多有不安全因素。我这样一说，一些打算写“小时候在池塘边玩水”“抓一把沙子扔到饭锅里”，甚至“玩火烧草皮”等“童年趣事”的孩子，纷纷打消了念头；还有想写小时候“偷吃、偷拿、偷占”“到超市捏方便面”“扎邻居家车胎”之类负面“童年趣事”的孩子，也撤回了原来的思路。

我更犯难：童年趣事，多半是大人的趣味，是大人喜欢看小孩子的“天真无邪”而已。找童年趣事的作文素材，其实是我的任务。有没有便捷的回溯之路，让孩子们找到通往“童年趣事”的共同美好记忆呢？

我看某个收视率高的亲子综艺节目时，有个小小的发现，就是节目组每到一个地方，必然加入动物元素——在云南“放飞天鹅”，在湖南“赶猪赛跑”，在宁夏“保护鸡蛋”……在北京郊县拍摄时，因为当地缺乏可用的动物元素，摄制组专门买了小山羊放到村子里养，然后才有了“坐羊车”

的情节。

美国最大的新闻网制作人曾在一次访谈中略带抱怨地说，认真辛苦制作的节目，比不上半分钟的“孩子和动物”的小视频收视率高；名艺人、老演员也说，演技最强大的对手是“孩子和狗”嘛。

我问孩子们：“你们小时候，有没有和动物打交道的经历啊？”

果然都有。

铭铭说：“我小时候，把猪当马骑；还有一次，在猫脸上画‘王’字，把猫打扮成老虎；还有一次，把鸡蛋盖在被子里，孵小鸡……”

依依说：“我小时候到乡下奶奶家，看到大白鹅走路特别好玩，一颠一颠像跳舞，我就跟在后面学走路，这算不算有趣的事？”

文文说：“我小时候，看到蜗牛爬得实在太慢了，就帮它过水沟。”

人们心心念念的“回忆”，都是“逝去的美好”。这种回忆，需要经过时间的淬炼，才能提取。所以，我认为让孩子回忆自己的“童年趣事”为时过早。

不过，读一些经典的“童年趣事”也很好，这些书是个人成长史，教育启示录，心灵安慰剂。

《窗边的小豆豆》（[日] 黑柳彻子 / 著）是作者回忆童年的自传，此书发行量巨大，也通俗易懂，适合孩子阅读。

《护生画集》（丰子恺 / 画，弘一法师等 / 书），“护生”即“保护生灵”。画是黑白的，字是竖体排版的，有些孩子嫌不好看，不爱看。可以选择其中一些来看，丰子恺能画能写，认真看了觉得还挺有趣的。比如《蚂蚁搬家》，配诗是：“墙根有群蚁，乔迁向南冈……我为取小凳，临时筑长廊，大队廊下过，不怕飞来殃。”

《小时候》（桑格格 / 著）是作者零岁到成年的零散记忆，行文通俗又机智，每一条都很有趣。适合小学高年级学生阅读。

划重点：“笑果”避免不了讽刺和自嘲

有个孩子写：“我的妈妈有独门绝技，那就是传说中的‘狮吼功’。早上 6 点，小鸟还没有啼叫，妈妈就开始嘀嘀咕咕，做发功的准备。一到 7 点，只见她皱着眉头，叉着腰，张开血盆大口，大吼一声‘起床啦！’，连房子都被吓得抖三抖……”

不巧的是，正好这个妈妈来接孩子，有事无事的，就翻作文看。这一看，马上面露不悦，她把自己的孩子叫到角落里，还没说几句话就扇了孩子好几个耳光。

这一幕我没有亲眼看到。而看到的孩子，赶快跑回来告诉我，并要回自己的作文本，撕掉自己写的“爸爸的十八掌”。

本来吼骂和打孩子，就过分了；孩子不跟大人计较，只是开个玩笑，说是独门绝技“狮吼功”“十八掌”。如果大人因为一点点玩笑、一点点夸张、一点点过分的用词（“血盆大口”），就打骂孩子，那就不是什么功法了，那可就成了刑罚。

大人自己喜欢看轻松幽默的笑话，看喜剧，听相声，看漫画，看搞笑小视频……唯独对自家孩子的调侃和幽默，接受度是很低的。

“笑果”很复杂高深，即使是专业喜剧人才，也不敢说自己搞透彻了。但有几点是不可避免的：就是夸张，就是讽刺，就是嘲笑。嘲笑别人，也嘲笑自己。

轻松幽默的作文是怎么写出来的？先要作者和读者都拥有宽松的心态，才能出现幽默的作文。

五、别写“成绩好、成绩不好”了行吗?

以学习为重是没有错的。但是，如果写作文总是围绕着“成绩好、成绩不好”“学习好、学习不好”“功课好、功课不好”来写，那基本上就完了。世界万物，都被这一片叶子挡在眼前，啥也看不见了；一切作文，都可以被“成绩好不好”的主题拿下，不再有其他空间：

《一件难忘的事》——期末考试终于考好了！

《一件烦恼的事》——唉，这次考试没有考好！

《一件光彩的事》——我终于考好了！

《一件糗事》——这次失误了没有考好。

《一件有趣的事》——答对了一道题！

《一件烦恼的事》——答错了一道题。

《一件自豪的事》——我终于考了 100 分。

《一件后悔的事》——没好好复习，错失了 100 分。

《我忘不了那一天》——考试卷发下来。

《那一次，我流泪了》——考试卷发下来。

《我得到了表扬》——考试卷发下来。

《我好惭愧》——考试卷发下来。

《我好感动》——考试卷发下来。

《我学会了珍惜时间》——考试卷发下来。

《面对挫折》——考试卷发下来。

《一个印象深刻的人》——他爱学习。

《我敬佩的人》——他爱学习。

《我熟悉的人》——他爱学习。

《忘不了的人》——他特别特别爱学习。

《我的老师》——她关心我学习。

《我的爸爸》——他关心我学习。

《我的妈妈》——她关心我学习。

《我的姐姐》——她学习好。

《我的弟弟》——他不喜欢学习。

《介绍我自己》——我学习中等。

《我的狗狗》——它陪我学习。

《我的猫猫》——它打扰我学习。

《我的房间》——它是我学习的场所。

《我的梦想》——学习好。

《我的理想》——学习好。

《我渴望……》——学习好。

《我发现了……》——一个学习的方法。

《我的未来不是梦》——我要努力学习，学习再学习。

在这样狭隘的思路下，再辽阔的天空，再无垠的宇宙，也只是布满了两个字："学习"；所有的星星，都闪耀着一百分的光芒；所有的浪花，不过是层出不穷、翻卷不绝的考试卷而已。

有的人说，学生的"本职"就是上课，不写"学习好、功课好"写什么呢？

写"本职"之外的事情！——对！作文就是这么怪！

比如，你在做功课之外，还有个兴趣爱好，那么从小学到初中的一半题目，都不愁非要写"学习好、学习不好"，不愁没内容写了。比如你喜欢音乐吧：

"______ 让我陶醉"，音乐让我陶醉。

"______ 的感觉，真好"，听音乐的感觉真好。

"如果我有 ______"，如果我有神奇的歌喉。

"______ 让我成长"，音乐让我成长。

"______，并不普通"，音乐，并不普通。

"______ 的馈赠"，音乐的馈赠。

"快乐，来自于 ______"，快乐来自于音乐。

“生活需要 ______ ”，生活需要音乐。

“______ 就在我身边”，音乐就在我身边。

“______ 让我回味无穷”，这支曲子让我回味无穷。

“我和 ______ 的对话”，我和音乐的对话。

“与 ______ 并肩而行”，与音乐并肩而行。

“留点 ______ 给自己”，留点音乐的享受给自己。

如果把音乐的范畴扩展到自然之声，鸟鸣、雨泣、泉歌、海吟；扩展到市井人声，叫卖、呼求、赞颂、祈祷……那么，你的作文不仅不缺内容，更不缺美感和深刻吧！

下面就来看一个参加舞蹈班的学生怎么写她的作文。

我要开花给你看

我们小星星舞蹈班新排练了一个节目，叫《春花》。我们都很喜欢这个舞蹈。在优美欢快的乐曲声中，我们滑动着步子，就像在水里跳舞一样；穿上鲜艳的舞蹈服，张开双臂，就像在花中跳舞一样。

周六上午，冯老师带来了一个好消息：十二月份有个全国的舞蹈比赛，全市只有我们这个舞蹈入选。真是太好了！在寒冷的冬天，我们也可以在舞台上“开花”给你看了！

冯老师带领我们训练，不断地重复那些动作要领：“先把脚放成燕式的，手放到两边，放平。然后，一起，一落。起来的时候，手要对到一起，再落……”没想到，一个开花的动作，就有这么多复杂的要求。渐渐地，我们觉得跳舞有点枯燥，总是在重复那些动作：左手举起来，举到九十度；然后抖抖抖，爬下去，再起来；两腿伸出去，再收回来；身子躺下去，再坐起来……

几个星期过去了，验收的人员来看我们的舞蹈，说领舞的汪姐姐跳得最好。我们都说：“汪姐姐是歌舞团的学员，她当然跳得很好。”验收的人员说：“不只是跳得好啊，她的脸上有笑容。你们的脸上要是也有点笑容就好了。”

我想：原来跳舞不仅要动作好，还要从心里传达出喜悦。要真的喜欢舞蹈，喜欢开花的感觉。如果一朵朵“春花”没有笑容，脸上都是不开心的表情，跳得再好，穿得再美，也不像“春花”。

彩排的时候，老师不断地提醒我们：“记住了，要笑，要笑！”哈哈，我们早就记住了。经过练习，我们喜欢上了这个舞蹈，脸上也自然而然地有了笑容。

耶！我们的舞蹈《春花》被选上了！期待十二月到来，我要“开花”给你看！

作者为襄阳市新华路小学杜泽慧（三年级）

划重点：有个爱好，就有了作文的半壁江山

“这件事告诉我一个道理……”

“这个故事，让我悟出一个道理……”

小学生作文常常要拿这句来结尾，来升华，来总结，来点明主题。虽然这句式用得多了，显得有几分可笑，但其中的道理并不可笑；尤其是从“这件事”到“这个道理”的过程，就更不可笑了。

小学生需要从“这件事”上悟出“这个道理”；长大了要从众多的事情中悟出更多的道理；如果成为圣人或伟人，则从天下所有事，悟出一个真理。

人之所以有思想，能创造，能纠错，人能成为人，靠的是“悟”！

“悟道”的路径在哪里？我们中国人认为，一是天分，二是习得。

而习得，不仅仅是听课，做题，考试……这一部分路径，不仅狭小，而且常常将“悟”的部分省略了，直奔标准答案。

所以需要其他方式的“习得”，也就是“兴趣爱好”。

按照参与的深浅度，我对兴趣爱好做了以下划分（界限并不严格）。

较浅的、以接收信息为主，如看画展，听音乐，看球赛，赏花，旅游，集邮。较深入的，需自己参与制作，比如不是看画，而是画画；不是听歌，而是唱歌；不是赏花，而是

种花；不是看小说，而是写小说。再深入的是烈度更高的爱好，比如滑冰、体操、踢球。更深入的是竞争性和对抗性强的爱好，比如棒球、跆拳道，等等。

参与的深浅度，还要看是自己随便弄弄，还是认真钻研；是三五好友小范围交流，还是进入社会评价体系。深入参与，则往往需要拜师、训练、展示、选拔、竞争……在成功或失败、欢乐或痛苦、坚持或放弃、继承或创新、团队协作或单打独斗的过程中——“悟”了。

悟出的不是一个道理，而是好多好多道理。

所以我说有个爱好，就有了作文的半壁江山。

当然，兴趣爱好，并不仅仅是用来写作文的。

少年的“习得”，会跟随身体和心智一起成长，长到骨子里和脑子里。“悟道”，是不可省略，也无可替代的。

六、写好一瞬间，会写慢镜头

这一课，我首先给孩子们看的是某品牌的一支广告：

该品牌为了庆祝一款手表诞生一百九十周年，举办了名为“一秒之美”的短片比赛。先是征集世界各地的参赛者，拍摄时长一秒的镜头，再把这些镜头汇集在一起。所以这个短片，有六十个镜头，时长刚好一分钟，出现了精选的六十个瞬间：姑娘的一回眸、笔尖落在纸上、电灯亮起、雨滴落下、海鸥起飞……

这支广告看得人不敢眨眼，因为一眨眼，一个“一秒之美”就过去了。这个世界上，又有多少被我们的眼睛放过的“一瞬间”呢？

依依问：“什么是一瞬间？”

我说：“一瞬本来是佛教的说法。你们肯定也听说过‘一刹那’。一刹那时间最短，然后是一瞬……反正就是指时间短吧……”我严谨了一下，赶紧查查，“一瞬间，按现在的时间单位计算，是 0.36 秒。”

依依猜到“一瞬间”和作文有关，面露难色地小声嘀咕：“0.36 秒？”

我说：“咱们没那么严格，一秒也行，几秒也行。……就是把很短很短的时间内发生的事，写成作文。”

孩子们纷纷说：“这也太难了吧？”“不行不行，这个不会写。”

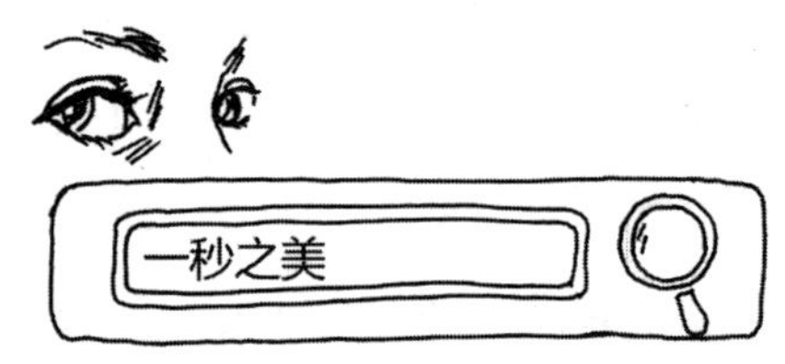

这确实是难以完成的任务。但如果完成了，便是一个跨越。从此，孩子的作文就将从粗枝大叶的素描、白描、速写、简笔……上升到会一点工笔细致描写了，作文由此可通往丰富饱满。

我说：“你们在电视上看奥运会比赛，都看过慢镜头吧？”

铭铭问：“看过，跳水。”

跳水的每个动作，都有慢速回放；除了让观众看到技术动作的分解，也能看到人类在瞬间做出的动作细节，身体与水的碰撞接触。这个时候，输赢已经不重要了。慢速本身，就是展现美感的手段。

作为写作文的技术参照，我还需要选择经典的慢镜头。“慢镜头”虽然已经非常普遍，但挑选却不容易。因为电影中的经典慢镜头，常常是“暴力美学”的体现：让子弹再飞一会儿，让炸弹再炸一会儿，让鲜血像烟花一样绽放，让高楼像陶瓷一样崩塌……这一点，是规律性的、经验性的，确实有震撼人心的效果。

我挑选的“慢镜头”，除了体育比赛，也有暴力和摧毁的内容，但回避了血腥镜头。其中一则短片是用弹弓射碎各种物品：碗盘、饮料瓶、鸡蛋、西瓜等，在慢镜头下，这些物品各有各的破碎法；还有一段短片是国外的交通安全广告，模拟了真实车祸发生时，人体的各种应激反应，直达身体内部：血管，五脏……看了很震撼，深感交通安全之重要。

瞬间可以获取，瞬间也可以失去，要懂得珍惜。

写好“一瞬间”，已经不是难以完成的任务了，孩子们都找到了可写的内容：

烟花，在一瞬间绽放。

闪电，在一瞬间照亮。

起跑，在一瞬间冲出。

射门，在一瞬间决定胜负。

小鸡出壳，在一瞬间见到世界。

文文说：我想写“快门，在一瞬间留下身影……”

铭铭问：“快门是什么呀？”

我掏出手机，对着他“咔嚓”一声，招呼他过来看屏幕上的自己：“这就是快门……”

铭铭说：“我写‘电脑打开的一瞬间’。”

依依笑他：“是‘游戏打开的一瞬间’吧……”

下面就是《一瞬间》这个题目下的两篇作文。

燕子飞，一瞬间

蒙蒙细雨中，一只燕子吃力地站在树枝上，准备展翅飞翔。

慢慢地，慢慢地，雨渐渐下得不太大了，风渐渐不怎么吹了。燕子鼓动双翅，它的身体前倾，脚尖离开了树枝。燕子悬浮在一根树枝与另一根树枝之间。

燕子集中意念，扇动双翅，猛地向云端冲去，燕子享受着飞翔带来的愉快，享受着云朵带来的迷蒙，享受着微风带来的凉爽。

忽然，春雨又下了起来，密密的雨像牛毛，像细丝，像银针，雨点落在了燕子背上，浸湿了燕子的羽毛。但是，燕子并没有停止飞翔，燕子继续穿梭在云海里。

雨不知何时下大了。硕大的雨点打在燕子的身上，燕子开始摇摇欲坠，似乎马上就要从天空落下，摔到地上。燕子知道，自己必须得停止飞翔，安全地停靠在一棵树上。燕子四处寻觅，希望找到一棵歇脚的树，燕子看到了，它看到了，一棵在斜风细雨中挺立的小树。

燕子慢慢地降落在树梢上，极目远眺，准备再一次在天空翱翔。

作者为襄阳市新华路小学代巧（五年级）

露珠落，一瞬间

一颗露珠站在草尖上，就像一个跳水运动员，正在对着碧水蓝天跃跃欲试。

它曾经是夜晚的无数颗水雾，慢慢地，随着暮色的加深，它也越来越多，汇集在一起，随着青草的脉络悄然流淌，像一道一道的泪痕。终于，它把草都压得弯了腰，它晃晃悠悠，摇摇欲坠。

天光映在它身上，它透明的身体变得五彩斑斓，上面有彩虹一样的颜色，赤橙黄绿青蓝紫，这个露珠显得比珍珠更绚丽，比钻石更晶莹。

渐渐地，草已经承受不起这个露珠的重量了，露珠恋恋不舍地离开了草尖，身体翻滚下来。在翻滚中，它水晶一般的身体映照出了世界：刚刚升起的太阳，在它身上落下了光辉；刚刚开放的花朵，为它染上了一抹粉红；刚刚升腾的水汽，带走了它的一半身体，向着蓝天慢慢飞去而消失。

在落地瞬间，它回忆起自己的前生今世：原来，在成为露珠之前，它就是地上的水，随着太阳的升起而飘向天空，又随着暮色的降临来到了草丛，现在，它又回到了故土。

作者为襄阳市新华路小学叶文斌（五年级）

划重点：少教“作文方法”，可提“作文方案”

总是有家长说：“你多教教作文方法。”

我说：“我教了他好几种方法。”

可是家长总觉得孩子学的“方法”还不够多，疑心我有什么江湖传说的作文“秘籍”，一招能制胜，招招能克敌，但是我藏着掖着，没有无私地全部拿出来。

说得我很想写一本“作文秘籍”，里面有一万种方法，每个方法再起个吓人的名字：“题目闪闪吸引眼球法”“开门见山直捣龙门法”“云山雾罩欲擒故纵法”“猛甩结尾振聋发聩法”“大喊一声吓破敌胆法”“余音袅袅魔音穿脑法”，又或者如“扔出名言一剑封喉法”“连续发问万箭齐发法”“暗藏线索草蛇灰线法”“声东击西隔山打牛法”……

我保证各位将这作文“秘籍”拿去之后，本来还写得出一点；学完之后，一点也写不出来了。

作文不要过度指导。何况我看当前的很多“指导”，根本谈不上是什么方法，比如：“要主题鲜明”“要详略得当”“要做到生动形象”“要简明扼要”；“不要主题分散”“不要主次不分”“不要虎头蛇尾”“不要语言枯燥”……要这样，不要那样。这就好比医生对你说：“你要健康，要活蹦乱跳，要四肢健全，不要得胃病、心脏病、牙周炎、精神分裂……”

我要是健康的，自然不需要瞎治疗；我要是哪一部分弱，那么需要我锻炼加强（有专业指导更好）；我要是有病，那么我需要对症下药。

作文的道理大致如此。

如果孩子的作文状态是健康的，很有表达的冲动，那就让他先写再说。如果孩子有表达的内容，但信心不足，那也让他先写出来再说。如果孩子一筹莫展，那么提很多“方法”，反而让他害怕，束手束脚，不如提出“方案”——就是对症下药，选择最适合他的、最行之有效的作文方案。

孩子得到方案，就可以立刻实施了。

那么是不是说，作文就没有方法，不要方法，不教方法了？

也不是这样。我知道一点点写作的规律性总结，我了解一些现阶段学生习作的成功经验，我实施过好多次有关作文的实验——在这些过程中总结出来的，才是方法。

而“只学三招，包你写得和作家一样好”“作文方法大全，包你学会全部写作技巧”，都是不可信的。

七、写一次意外，一次美好的意外

生活常常是平淡无奇、按部就班的。但是，忽然，有一次……

任何一次生活的“意外”，都是作文的绝佳题材。

这个话题，在孩子们那里引起了强烈反响。

依依撩起刘海，把额头上一道不明显的疤痕展示出来：“我两岁的时候，磕到台阶上，留了这么大一个疤。”

文文也不甘示弱，挽起袖子：“你那算什么，我三岁的时候，胳膊骨折，现在胳膊还伸不直。”

铭铭说：“我小时候摸黑上厕所，把炉子上放的水壶撞翻，烫伤了，住了一个月医院呢！”文文要他拿出证据，说：“疤在哪儿呢？给我看看。”铭铭忸怩着，不肯掀衣服。

这下，俨然成了“人生血泪史”的大比拼。根据铭铭的自我叙述，他短短的人生就是为“意外”而生，不是大病就是小灾。最为惊悚的，是小时候吃饭，跌了一跤，筷子插进上颚，从脸颊穿出，去医院的路上，这一幕引起了一路行人的震悚……正如《编辑部的故事》中的台词所说：“你说咱长这么大容易吗？你说赶谁都是个九死一生。”

所以呢，要注意安全、珍爱生命、平安是福、危险之时见真情……铭铭准备开写了；依依迟疑着，因为她的“意外”发生在很小的时候，记忆已经模糊；文文对“意外”的“意义”，有点疑虑：“这写出来也没什么意思吧？”

我说：“‘意外’还有别的内容呢，比如丢了东西，捡到东西，停电，停水，迷路，家里来了不速之客，骑得好好的自行车忽然半路掉链子……还有，你们大概都经历过这样的事吧：正上着课，教室里闯进一只蝙蝠……‘意外’也不全是带来烦恼，很多‘意外’也十分新奇和美好呢！”

世界上还有美好的“意外”？当然有，比如李清照的《如梦令》：“常记溪亭日暮，沉醉不知归路。兴尽晚回舟，误入藕花深处。争渡，争渡，惊起一滩鸥鹭。”这是一次美丽的“意外”，如果少女们不是因为喝多了酒迷了路，就不会来到荷花深处的秘境，看到终生难忘的景色。

文文说：“上周我们学校有个集体舞比赛，四（2）班跳的时候，音响坏了，后来有的班就帮着唱，最后变成了全场大合唱，四（2）班还赢得了冠军。我觉得这可以算美好的意外。”

他这样一讲，其他孩子也应声说“确实有这回事”，并纷纷补充细节。

我觉得这是个非常好的题材，于是对文文说：“你是怎么想到这件事的？”又问其他孩子：“这件事你们也都经历了，为啥没想到？”

文文说：“你上次放了个视频，一个小女孩在棒球比赛的开幕式上演唱国歌，结果中途音响坏了，全场观众齐声帮她把这首歌唱完了。我看了觉得挺受震动，想起我们学校也发生过类似的事情。”

我有时会在下课之前的几分钟，放一些从网络上搜集的反响很好的视频，我不确定它们即时、立刻、当天对作文产生直接影响，也不确定这会对所有学生起作用，但肯定会在特定时刻、对有心人、有同样体验的人起到作用——无论是对作文，还是对孩子们在生活中需要即时反应的急迫时刻。

这不，就印证了。这篇作文题目为《世界上最美的歌声》，很快就写成了。

《春晓》是一首我们校园集体舞的曲子，听到它，心里倍感温暖。我一听到它，就想到了那发自内心的歌声，那震撼人心的一幕。

比赛开始了，首先是四年级，前两个班表现都很出色，音响也是好的。轮到四（2）班了，这个班的同学们同样挂着笑容，带着热情，迈着整齐的步子，可当他们跳得正出彩的时候，音响好像突然哑了似的，发不出声音来。

四（2）班的同学愣了，全体木然。

在这千钧一发之际，谁不希望自己的班增加一丝赢的希望呢？要知道我们为了赢得这个比赛，经过了多么艰苦的训练，在操场上经历了多少的风吹日晒啊！

在短暂的沉默之后，一个声音响起来："春眠不觉晓，处处闻啼鸟"，随后两个声音响起来了，接着是十个，二十个，全场的人齐声唱了起来，那发自内心的歌声，是世上最美的声音。

我在途中也加入了合唱，我被深深震撼了：人人都想夺冠，可在荣誉和友谊的天平上，大家都选择了后者。也让我在阳春三月，这春晓的音乐中，在浓浓的友谊中感动，感受到了"温暖"——那人间最美的东西。

《春晓》已不再是一首普通的曲子，而是一首特殊的暖心之曲，那发自内心的歌声，永远是世上最美的声音！

划重点：世界上有万能开头

今天的作文题目是《我的爱好》。对于有爱好的文文来说，似乎不难，不过他踌躇了一下："开头是不是先写每个人都有自己的爱好，然后说我有什么爱好啊？"我说："可以啊。"

他说："那能不能开门见山，直接说我的爱好，然后介绍这个爱好呢？"我说："也可以。"

他说："大家都这样开头，好没意思啊。"

看来文文是个有追求的人，我问了一下他爱好什么，说："那我告诉你一个开头，你就这样写吧！"

> 我最喜欢坐到大大的书桌前，摆开我的神器：我的神器取自茂密的山林，取自浓黑的云烟，取自丛生的草木，取自……

他就如此这般地开始写了，边写边纳闷："我这是要干吗呀？"我说："你在写你的爱好啊！"

> 我的神器俗称文房四宝：笔墨纸砚，墨香在水与石的研磨中渐渐发散开，笔尖在墨香的浸润下渐渐饱满起来，宣纸在笔尖的接触中渐渐有了内容，一点一横，一撇一捺……

文文说："我还没有说我的爱好是什么呢！"

我说："别人应该能猜到了吧。不信你问依依。"

依依说："是下围棋。"

文文说："你用文房四宝下围棋啊？明明就是书法！"

我说："你就按你想的往下写吧……结尾你还可以回到开头的画面，你的面前还是木桌，你依然在那里练习和创作你的作品。"

他明白了，非常顺利地写了下去。

我说："如果刚才的开头你不满意，那我告诉你一个专业名称，叫作'华尔街体'。"

华尔街体，就是《华尔街日报》创建的一种写作方法，简单地说：请在开头给我讲一个故事吧，拜托你，越吸引我越好！

总是有孩子说："开头怎么写？你告诉我一下。"或者说："你只要告诉我开头，后面的我就会写了。"我当然可以告诉他各种开头法，比如：

"开门见山法"——今天，我想谈谈什么叫爱好，以及我是怎么培养我的爱好的。

"设问引入法"——朋友，你知道我有什么爱好吗？

"由远及近法"——每个人都有自己的爱好，我也不例外……

我闭着眼说，也能说十几种开头方法，这些看起来很得法的法，其实都不是好法子。至少我看到开头写“每个人都……”，就确定这个作者没有好好琢磨怎么写作文。

如果在学生的脑子里，自然生成了一个开头，顺理成章，那就不必字字句句地教给他开头写法，但如果他根本无从下笔，那倒是可以教给他一个万能的开头，那就是“小故事，小人物，小场景，小矛盾”，像大河的源头一样，先冒出一点清泉，再到淙淙流水，再到汩汩流动，最后汇成大江大河。这就是“华尔街体”的开头。

举个例子：

“在幼儿园的时候，我也说不准自己爱不爱用计算机。”她说，“但是打从进入一年级起，我确实爱上了它。”这位六岁的小作家，梅利莎·利·史密斯，按了下键钮，瞥了周围一眼，取出了一张绿白相间的打印稿，上面写着她的短篇故事，《鹦鹉学舌》。

——选自《华尔街日报·计算机公司与学校》，作者为记者卡里·多兰

这篇文章就是这样，用六岁小作家使用计算机写作开头，逐渐把视角拉大，说到美国学校对计算机的运用。

作文是有万能开头的，那就是——最吸引人的那个开头。

八、写一写“物化”的爱

爸爸因病去世三年之后，我成了一名小学一年级学生。有件事要报告爸爸一下，虽然我想爸爸一定也已经看到了，我借用了爸爸的便当盒。

这篇《我和爸爸的便当盒》的作者是一个日本小学生，名叫片山悠贵德（七岁）。他在文中写道，爸爸去世后，他吃得很多，还经常练习空手道，原来的小便当盒已经不够用了。他借用了爸爸的便当盒，想变成和爸爸一样坚强而温和的人，保护妈妈和妹妹，担当起一家之主的责任。这篇作文感动了很多人，曾获“朝日学生新闻社”作文比赛最优秀奖。

铭铭问：“便当盒是什么？”

我说：“就是饭盒。”

因为中国孩子不经常吃冷食，所以带便当上学的情况并不多，对“有爱的便当”没有太多体会。不过，父母经常给孩子做他们最爱吃的东西，用吃食表达关爱，应该是很常见的。我问：“你们的爸爸妈妈最擅长做什么好吃的？有没有给你们准备爱心早餐？”

不知道是孩子们很狡黠，意识到要写作文了，还是现在年轻的爸爸妈妈都懒于做饭，孩子们纷纷否认。

铭铭说：“我妈妈不做饭。”

依依说：“我妈妈只会下泡面。”

文文说：“我妈妈给我十块钱，让我去面馆吃。”

我有点失望：“那就没有别的吗？一件毛衣、一个随身的包、一张留言条、一双手套、一件小摆设……我就不相信，你家没有一件能代表关爱的东西？”

会写的学生特别善于寻找“一物”，把生活琐事和无言的爱都集中于“一物”。我将之称为“爱的物化”（“物化”不是褒义词，这里找不到其他词，借用一下）。比如“爸爸的便当盒”“奶奶的吊筐”“爷爷的檀木匣子”“爸爸的自行车”“父爱的风筝”……这是一个构思的小经验。

说回孩子们的作文，“爸爸妈妈的爱心餐”一题遭他们否决之后，我把目标转到饮料上：“那妈妈和爸爸不做饭，也不给你们喝水吗？有没有给你们准备什么特别的饮料呢？”

孩子们又纷纷说：“我们家只有白开水！”

我说：“那就写‘爱的白开水’好啦！”

过了一会儿，依依说：“真的可以写白开水？”

我说：“对啊，有句话听过没有？真水无香。白开水里也有爱！”

她就真的写了：

爸爸上班之前，总是给我灌一壶白开水，放在桌子上，让我上学带着。我每次见了都觉得很奇怪，这白开水有什么好呢？我每次喝了白开水，都觉得没有一点味道。里面也没有蜂蜜这些东西，一直是白开水，不是茶水、奶茶、可乐这些特别好喝的水。我总是喝白开水，以至于一看到就反胃。

有一次，爸爸照常给我倒了一杯水。我问妈妈：“爸爸为什么天天就给我倒一杯白开水呢？”妈妈回答说：“他每次快要迟到了也坚持给你倒一杯水，每天早上喝一杯白开水，可以清理肠胃，可以让你每天吃饭特别有胃口。你爸爸想让你长得高高的，身体健康。”

我听了这一番大道理后，拿起这杯装满爱的白开水。喝了以后，觉得爸爸的爱流淌在我的血液里，让我的心暖暖的，特别舒服。

划重点：怎么判断一本书能不能给小孩子看

我经常听到家长问：“这本书能不能给我的孩子看？”

我看了一眼那书：连续十年畅销、得奖无数、翻译成多种语言、儿童教育专家推荐、字号大、图片美……全世界应该有很多孩子看过，有什么理由不敢给自家孩子看？里面能有什么少儿不宜的内容？每一本正式出版物，都要经过很多专业人士之手，才会到你家孩子手中，有什么不敢给自家孩子看的？

实在不行，家长自己先看看，如果连大人也觉得受益，那就百分之百可以给孩子看了。

最好的少儿书，是不分儿童和成人的。

有一套书《传家：中国人的生活智慧》（姚任祥 / 编著），是讲中国传统文化的，四册，非常厚，图片多，价格也不便宜。我备课的时候带着，查查资料用。依依写完作文，很喜欢翻着看。她当时才七岁，字也认得不多，竟也断断续续地将这大部头“看”完了。看完之后，她就写了一篇《论清朝服饰》——好大的题目。

由于认知和体力的局限，这篇选题浩大的“论文”只有二百多字。范围主要是正在热播的清朝宫廷剧，依依评论了老百姓的衣服、皇帝的衣服、官员的衣服，特别是嫔妃的衣服，她用了“女帔”这个词，还评论了“女帔”上的绣花、凤凰图案、花盆底鞋……虽然写得充满孩子气，不是什么成功的“论文”，甚至不能算是成功的作文，但看得我乐不可支，因为她真的是有感而发。

我观察依依：有时穿绣花的小旗袍，有时穿朝鲜族的纱裙子，有时戴一只民族风的银手环，有时戴一枚样子特别的玉佩……看来她是真的对服饰有“自己的看法和自己的选择”。

九、“我”不是我，“我”是另一种生物

有这样的视频，把摄像头绑在猫身上，打开摄像功能，于是就得到了猫的视角：“我”在桌子下、花园里窜来窜去，在餐桌的食物旁驻足逗留，忽然又猛蹿到窗台上，忽然从墙洞里走进院子，忽然停下来研究另一只走近的异性猫咪……

放给孩子们看，他们很感兴趣。一只猫在家走来走去，本来是很常见的。平时都是人的视角，现在换了猫的视角，效果就十分新奇。转变“视角”不仅仅是技巧，也是重新打量世界的一种眼光……

我又讲了个故事：有位作家，叫莫言。他想写一个故事，但一直没有找到最好的表述方法，直到有一天，莫言看到了一幅佛教壁画，上面画着“六道轮回”……

于是，在小说中，就有了这样的段落：“‘生下来了！’我睁开眼睛，看到自己浑身沾着黏液，躺在一头母驴的腚

后。天哪！想不到读过私塾、识字解文、堂堂的乡绅西门闹，竟成了一匹四蹄雪白、嘴巴粉嫩的小驴子……”

“我”本来是人，死后轮回为一头驴子；驴子死后，又相继轮回为牛、猪、狗，于是有了“驴折腾”“牛犟劲”“猪撒欢”“狗精神”等章节。最后，“我”轮回为一个畸形的大头婴儿，五岁就会讲长篇故事。在小说结尾，他从当初变驴的那天，准备开始漫长的讲述……

后来，莫言获得了诺贝尔文学奖，这部小说就是《生死疲劳》。其中的“我”，是人，又不是人。他保有人的记忆，却有驴、牛、猪、狗的肉身和视角。

孩子们听罢莫言的故事，畏难了，吵吵着说：“这也太难写了吧？我们得不了诺贝尔文学奖。”

我说：“不难写不难写，你们原来写过跟动物有关的作文。现在只是换一个视角写，‘我’不是人了，可以是驴、猫、狗，可以是蚊子、飞鸟、鲨鱼、老虎……”

想要获取猫狗的视角，还可以在它们身上绑上摄像头，可是其他动物的视角怎么获取呢？当然还是要靠想象。我

给孩子们看了获奥斯卡动画短片奖的《苍蝇》(时长3分钟)。

要说这片子可能没什么意义,但是很有意思:音效以“嗡嗡嗡”为主,镜头在一幢房子里乱撞,一会儿在吊灯上俯瞰,一会儿冲向玻璃窗。最后,在人类的脚步声和苍蝇拍“啪”的一声中,镜头一黑……我给这个短片换了个名字,叫《我这个倒霉苍蝇贡献给人类的生前最后三分钟的见闻和逃生失败经历》。

孩子们看了几条晃晃悠悠的从动物视角拍摄的小短片,纷纷表示头晕:“不用放了,不用放了。我们知道怎么写了。”

下面就是其中一篇作文。

我是一只狐狸

我是狐狸家族里最勇敢的一个,也是最漂亮的一个。我的皮毛堪比最美丽的貂皮,有大大小小的花纹。每当早晨来临时,我的绒毛在阳光的照耀下,显得熠熠闪光。

那是一个美妙的夜晚。我坐在那个宽阔而寂静的屋顶,看着下面的马路,似乎世界都尽收眼底。向晚的微风那般轻柔,它抚摸屋顶的草尖,我的绒毛也不时被拂起。夜晚的一轮明月,不时勾起我儿时的回忆:马路边的一潭清水,把我的身影倒映在水中,我不禁陶醉其中，似乎进入了童话世界，听到了小鸟的歌声和潺潺流水的声音。

我来到这里，是找人类“借鱼”吃，这恐怕是人类讨厌我们狐狸的原因。而我却有一个未了结的心愿，就是去树林下的一家餐馆里“借”鱼。全城的鱼，我都“借”过了，唯独那一家没“借”，所以我决定前去试一试。

那一天，天空阴沉沉的，似乎将有不好的事情发生。我走在路上，心里不禁紧张起来。之后，我跳到了餐馆前的一棵树上。“啊，不……”我惊讶地说，“那是什么？”仔细一看，心一直往下沉。原来，在餐馆的旁边，是另一个店铺，挂满了各种狐狸的皮。原来，我的祖先就是这样一个一个地栽倒在人类的手中……就在我冥想的时候，突然，在我身后出来了一个拿着棒子的人类。他的嘴里喃喃着什么，我也听不懂。

我发出了一阵悲哀的嚎叫，似乎全世界都听见了。我的嚎叫声，连上帝都会被撼动。最后的一滴雨，落在了我的身上……我被打昏了。

当我醒来时，我的肉体已经没有了，我的灵魂也附在了一件狐狸皮大衣上。

作者为襄阳市新华路小学易享哲（四年级）

划重点：把“我们”换成“我”，“征文”更容易得奖

还记得自己上学的时候写过多少征文么？爱，爱地球，爱祖国，爱家乡，爱母亲，爱老师，爱学校，爱班级，爱读书，爱运动，爱传统文化，爱书法爱朗诵爱歌唱，爱中秋节爱端午节爱春节，爱阳光爱体育，爱眼爱牙爱卫生，爱梦想爱未来，爱一切的一切……总之都得饱含深情、热泪盈眶、积极正面。征文投稿出去之后，往往泥牛入海无消息，得奖的不是自己，不得奖的理由也没有半句反馈。渐渐地，我们就丧失了参加征文活动的热情。

征文和一般作文不太一样，作文是得分，征文是得奖。我不能确切地知道所有征文要得奖应该做些什么，但大致知道要得奖不应该做什么。

有位同学拿来自己的征文：“老师，你给我提提修改建议吧！我可以怎么改一下呢？”我说：“改不了，只能推倒重写了。”因为通篇的叙事人称都是“我们”——“我们是新时代的青少年！我们要迎接挑战！未来掌握在我们手中！我们要让梦想之光照亮前路！朋友们，让我们一起行动起来吧！”

一般说来，集体人称“我们”，以及调门比较高的宏大叙事，就像合唱团里一个人的声音，很容易被淹没，很难与众不同，很难引起关注，得奖的希望也不会很大。

要区别于众人，就必须摒弃“我们”，变为“我”，好

好地写写个人经验，个人的观察，个人的情绪和看法，比任何华丽丽的辞藻都要有效。

有位同学要参加以“爱读书”为主题的征文，他是求好求胜的个性，一心要得奖。我说：“那你要写自己的经历，比如是怎么开始读书的？哪本书对你影响最大？”他说了一些，自己也不那么有底气：“这些经历太普通，太平淡，不够精彩，别人也可能会这样写。”

我说：“如果自己的经历不够，那么亲人身上的呢？比如父母辈的，祖父母辈的，或是间接听来的故事？”他想了想，提出可以写写自己的爷爷：“我爷爷在乡下，是个乡塾的教师。”我觉得很好，乡塾是中国最原始的教育形态，也是普通孩子通过读书进入主流社会的最初途径，通俗地说，乡塾教师是真正的启蒙教师。

我又问他：“那也不能写成‘我爷爷的故事’呀，爷爷和你之间有什么交集呢？”他说：“我小时候，撕了爷爷某一本书的封皮，折了一个纸飞机，被爷爷打了一顿。他对我说要‘敬惜字纸’，我也是从那时候开始跟着爷爷读书的。”

这篇征文题目就叫《纸飞机》，写得很长，有一千五百字，一看就在那些“让我们都来好好读书”的平庸征文之上，得奖是理所当然的。过了很多年，参加过评审的老师还拿这篇征文做例子，给同学们讲征文的写法。

我问他："你的纸飞机现在还在么？"

他说："现在还在，但是它已经落了很多灰尘，我很久没有读书了。"

十、举国皆武侠，遍地有高手

上课前，铭铭捧着本很厚的金庸小说读。他现在已经可以看“大部头”了，计划要把金庸的十四部书，“飞雪连天射白鹿，笑书神侠倚碧鸳”，全部看完。

我是赞同他看下去，劝阻他不要看“闲书”，还是建议他只看一本就行呢？想来想去，还是觉得甭管他了。系列性的书是搭建一个世界。比如我们会说“童话世界”“武侠世界”“舞台世界”“音乐世界”……这个世界不大，是真实世界的模型；好的“模型”，在现实世界中能找到对应关系。当孩子还小，无法认识、无法理解庞杂的真实世界时，看看“模型”挺好。

很多小男生也喜欢“武”的，但除了喊几句“天马流星拳”“如来神掌，看我的——”，乱挥乱砍几下，并不知道多少武侠的事，武侠世界对他们的帮助是有限的。

我该给孩子们介绍谁呢？金庸古龙，著作太多，说不过来；武侠电影，作品太多，看不过来。我剪辑了李安导演的经典作品《卧虎藏龙》中的几个片段，效果很好。

第一个片断是“酒馆打斗”，玉娇龙在酒馆喝酒，来了一群奇形怪状的人。他们先介绍自己：“在下是铁壁神拳米大彪”“在下是花影无踪飞刀常”……然后小心打探对方的来路：“敢问这位与某某某可曾认识？”这里头有个武侠概念——门派。玉娇龙初入江湖，目中无人，才不管谁是谁呢，上去就打了个鸡飞狗跳。

第二个片断是“镖局打斗”，玉娇龙手持盗来的青冥剑，对手俞秀莲把架子上的十八般兵器都用上了（有的兵器重得根本拿不动）。这里头包含着另一个武侠概念——武器（包括暗器）。

第三个是“屋顶打斗”，涉及的武侠概念是武功（轻功）。第四个就是“竹林打斗”了，人在竹梢上飞来荡去，涉及的概念是武侠的经验、修炼、德行等，是高层次的东西。

铭铭正在看武侠小说，能把十八般兵器都说出来；依依能说出武侠电影里的人名，“王语嫣”“小龙女”；文文对武侠小说和电影没有特别的兴趣，但也知道不少武功的名称——我发现凡是中国人，都爱武侠，包括手无缚鸡之力的妇女儿童，这倒是很值得研究一下：武侠是中国人对世界的解释，也可以来解释中国人的世界。生活里都是武侠，像周星驰的电影《食神》，他可以和“食界”的名门正派掌门人比拼，自创“黯然销魂饭”，最后领悟食的真谛，成为食神、至尊。

我发了两张密密麻麻的图，是网上的武侠爱好者整理的：一张是地图，上面是武侠各门派的地理分布，包括掌门人什么的；一张是武功示意图，就是武侠小说中那些炫目的功法。

铭铭说：“我喜欢‘降龙十八掌’、‘一阳指’和‘六脉神剑’。”

文文笑他：“你还喜欢‘蛤蟆功’。”

依依喜欢“轻功水上漂”“兰花拂穴手”“飘雪穿云掌”这样一些以柔克刚、带舞蹈特征的名词。

铭铭说：“我们是不是要写武侠小说呀？”

我说：“不是的，但是我们可以把生活中的事情，都用武侠小说的方式来写，比如你们的妈妈，如果说藏有武功，那是什么武功啊？”

孩子们查了一下功法，一致选了“狮吼功”——从早上叫起床，到晚上催作业，甚至于无缘无故地，妈妈们就动用她们的独门绝技“狮吼功”。爸爸们呢？就是“十八掌”咯！

我说："不要这样吧……妈妈做菜，刀叉勺筷，切削剁砍，是不是很像武功？"

说到这儿，铭铭已经迫不及待了，不一会儿就写出一篇《高手》。

我妈把蔬菜放在砧板上，只见她拿起菜刀往下一劈，"咔嚓"一声，一个蔬菜倒下了。它被快刀斩成了条形。后来，有很多蔬菜齐上阵，它们来到了砧板上，准备拼死一搏，只听得一阵"当当当"的刀砧碰击声，那声响是那么沉重又那么清脆，真叫人惊心动魄，毛炸发立。一团寒光如银蛇腾跃，一团寒光如流星直坠。这些蔬菜全被我妈战得分崩离析，看得我都惊呆了。我妈手腕轻抖，把它们全都推下了滚烫的大锅里……我看到这儿，吓得都不敢看了。

不一会儿，我妈端着一盘菜过来了。我说："哇，妈妈你怎么这么厉害呀？"我妈说："小菜一碟！"我们都笑了。

下面就是这次作文的其中一篇：

高手

四周杀气一片，使我莫名其妙地有了一种紧张的感觉。如果你在我们的家属区道路上走上一遭，必定有这样的感受。

一块银色的铁片上下不停擦动着面团，一层层薄薄的面皮从面团上脱落，银色的光辉和“嚓嚓”的声响闪现在眼前，那利落的动作使我心头不由得一惊。月亮似的光，他削面的动作变得缓和；冰寒的光线，他削面的动作又快了。这一快一慢的动作速度，让他的手中物，时而如电光一闪，时而如雪片飘然落下。我扭头就走，不敢回味刚才的激烈削杀场面，可那淡淡而又美妙的面香又让我回头：触碰时，看那动作柔和而轻缓；分开时，速度快得又如风似电。不一会儿，一碗喷香又美味的刀削面，就出锅了。

走到另一处，一道若有如无的屏障又使我不敢前进，看那动作，真叫人惊心动魄，毛发乍立，一把似光似影的刀在甘蔗上挥动着，一团冰冷的光，快如疾电，动作如真如幻，变化莫测。一刀快一刀，一刀紧一刀，这刀光有时似电光绕树，有时似蛟龙直上云天。不过几分钟，甘蔗皮就被削掉了，一截截甘甜可口的甘蔗，让人想马上尝一口。

烟熏味扑面而来，其中还夹杂着一丝丝杀气。熊熊火焰，时大时小。一把刷子来回晃动着，时快时缓，让人探不出虚实。火焰燃烧时，那把刷子蘸着空气中的作料味道刷着肉串；火焰要熄灭时，刷子蘸着油重拾希望的火焰。刷子也轻柔地抚灭肉串上的火焰，其动作，快中带缓，慢中有快。不到几分钟，在烈火熏陶下的肉串烤好了。它的美味是天地之间绝无仅有的，味道也不言而喻。

这条小道上，真是潜伏着各路高手啊，其绝技深不可测。

作者为襄阳市新华路小学代巧（四年级）

划重点：只有“吵架”的时候，才可以在作文里说话

人总要说话的对吧？譬如：

“妈妈！”“哎，儿子！”“妈妈，我回来啦！”“那先喝点水吧？”“好。”“吃个苹果吧。”“好。”“好吃吗？”“好吃。”“好喝吧？”“好喝。”

这样的对话，如实记录下来放在作文里，挺无聊的。有人说，要加形态和个性的描写才够生动。那好吧：

我欢快地喊道：“老妈！”妈妈高兴地回答：“哎，臭小子。”我一把抱住妈妈说：“老妈，我回来了！”妈妈也仔细端详着我，亲切地说：“那先喝点水吧？”

我爽快地说："好嘞！"

怎么样呢？似乎好了一点，但还是很无聊啊！

上述对话本来可以换成叙述语言："我回家了，妈妈让我吃了个苹果，喝了一杯水。"一句话就结束了。

铭铭发现了"对话"是个巧宗。投入少，产量高。他原来的作文写不长，后来把生活中的对话记录下来，拉长了篇幅，写得还不吃力。

铭铭写了一篇作文《除夕之夜》，一千多字。大部分是这样的："开饭啦，开饭啦！""哇，这么多菜啊！""可不是嘛，有泡凤爪、酱牛肉、炒三丁、八宝饭……""真香啊！太好吃了！""我给您二老敬一杯酒，祝二老福如东海，寿比南山。""哎，您在外工作辛苦了，多吃点。""啊，快了，新年的钟声就要敲响。来，倒计时，10，9，8，7，6……1！噢——""砰，啪，轰……""噼里啪啦，啪啦噼里。"

我说："你这些对话，大部分都可以不说。"

铭铭不解："为什么啊？我家里人确实说过这些话。"

我说："凡是不属于'吵架'的对话，都可以不写。"

"吵架"是简单的说法，包括痛斥、指责、争论、异议、顾虑、怀疑、劝诫、明嘲暗讽、旁敲侧击、意在言外……语言的各种对抗和交锋，就是作文里对话的魅力和价值。

也是叙述语言不能替代或一句话概括的。

这么说吧。如果“哈哈哈哈哈……”里不含有敷衍、不屑、讥讽、鄙夷等意味，就不用引用进文章里，直接写成“开心地笑了”就可以了。

其实，相对于叙述语言来说，读者是很爱看人物在文章里说话的。人物对话可读性强，有氛围，像现场演戏。比如五年级课本里有选自《水浒传》的《武松打虎》一文。

> 武松敲着桌子叫道：“主人家，怎么不来筛酒？”店家道：“客官，要肉就添来。”武松道：“酒也要，肉也再切些来。”店家道：“肉就添来，酒却不添了。”武松道：“这可奇怪了！你如何不肯卖酒给我吃？”店家道：“客官，你应该看见，我门前旗上明明写着‘三碗不过冈’。”武松道：“怎么叫作‘三碗不过冈’？”店家道：“我家的酒虽然是村里的酒，可是比得上老酒的滋味。但凡客人来我店中，吃了三碗的，就醉了，过不得前面的山冈去。因此叫作‘三碗不过冈’。过往客人都知道，只吃三碗，就不再问。”武松笑道：“原来这样。我吃了三碗，如何不醉？”店家道：“我这酒叫作‘透瓶香’，又叫作‘出门倒’，初入口时只觉得好吃，一会儿就醉倒了。”武松从身边拿出些银子来，叫道：“别胡说！难道不付你钱！再筛三碗来！”

多好看啊！文中大部分都是“店家道”“武松道”，并没有多余的描写，一样很吸引人。因为这就是一场吵架，而且是不合常理的吵架：顾客要酒，店家不卖。

铭铭听了，有点懊恼：“那照你这么说，我全篇都写错了。我要写家庭团圆相亲相爱啊，怎么吵架？”

相亲相爱也可以吵架拌嘴。如果有爱就用“你好我好”“你提议我赞成”“你爱我我也爱你”的方式说话，那多无聊啊。《红楼梦》里贾宝玉和林黛玉情深意浓，但二人几乎都是用“吵架拌嘴”的方式表达爱的。

铭铭想了想说：“我知道了，写幸福也能吵架：‘你多吃点，看你这么瘦。’‘哪儿瘦？我被你喂得心宽体胖的。’”

第四章

作文有技巧

一、不知道有没有意义，怎么写出有意义的作文

“记一件有意义的事”，多么经典而永恒的作文命题。“有意义”三个字，是一个终极话题，永远在拷问你的作文：你记的这件事，有意义么？有什么意义？

有人说，所有的事都有意义。如果是作为世间万物的存在，这话有道理；如果是作为人的选择，那我就不同意了。比如我闲得没事去咬狗一口，能说做得很有意义？不能。

人的所作所为，确实分“有意义”和“无意义”两种。

依依说：“我想写今天学会了炒菜，做了一盘西红柿炒鸡蛋。”

文文说：“这有什么意义？还不如写扶起摔倒的老人！”

依依打消了原来的构思，面露疑虑，似乎在检索自己有没有“扶起老人”的经历，假如没有，是不是需要虚构一段经历……

文文的说法显然不对，但也促使我更深入地思考："有意义"还要分高下？有益于自己和家人的算"低意义"，有益于社会和他人的算"高意义"？

看了一场精彩的演出，是不是就比"捡到钱包归还失主"差点意义？

参观了一次科技展，是不是比"逛一天街"更有意义？

用积木搭起一座城堡，是不是不如"帮建筑工人搬砖盖房子"有意义？

跟小狗玩了一下午，是不是不如"游览长城"有意义？

去敬老院慰问老人，是不是比"放走一只被困的蝴蝶"更有意义？

什么也没干，坐在窗前发了半天呆，难道就彻底没意义了？

我觉得不是。

写作文之前，有必要探讨一下"人生的意义"。

微软有条广告 *life is short, play more*（可译为"人生短暂，好好折腾"），广告很短，只有一分多钟。镜头开始，是一个母亲在用力生孩子，这个婴儿生出来后，就像炮弹一样，带着呼啸之声射出窗外。这只"炮弹"就这么一路"啊——啊——"地大叫着，一直没有落地。在快速飞行中，他的体态变化了：从婴儿到少年，从少年到青年，从青年到壮年，从壮年到老年，然后……他就“哐当”一声，直接掉进写好他名字的坟墓里了。

看这个广告时，孩子们起初哈哈大笑，最后怔住了。

铭铭说：“人生太短暂了。”

我说：“是啊，你看他，什么都没有来得及看，什么都没有来得及做，连衣服都还没有来得及穿上，就直接进了坟墓。”

这样的人生算有意义吗？当然不能算。

再看另一部动画《人的一生》（导演：［日］青木纯）。这个更短，只有三十五秒，一个人出生、上学、上班、结婚、生子、年老……人生选项全都匆匆完成，比百米冲刺还快一万倍。好吧，他以最快的速度跑完了全程，拎着个药包，跑到了人生终点。

看完这个动画，几个孩子也怔住了。

文文说：“人生太短暂了。”

我说：“是啊，他忙忙碌碌，还没来得及享受就过完了

一辈子。”

这样的人生算是有意义的吗？也存一个疑问。

思考“人生的意义”的时候，显然是意识到“人生短暂”的时刻。我认为一个孩童也应具备这种思考，而不是等着走到人生终点，回首往事的时候，因虚度年华而悔恨，因碌碌无为而羞愧。

立足于这一点，那么，哪些事情是“有意义”的，每个人就可以做出选择了。

努力折腾，是意义；好好享受，也是意义。凡是在追逐真、善、爱、美的道路上所做的事情，都是有意义的。

我找来一本书，书名叫《一生要做的99件事》，对内容做了简化后用A4纸打印出来，让孩子们选择。这九十九件事，哪些你有同感？也想做，也要做？数量没有限制。如果选项中没有你想做的事，也可以自己补充。

这些事情，在他们的作文中，在他们今后的人生道路中，会被视为有意义的吧！

有三个选项，是孩子们全部重合的选择，所有的孩子都选择了：

环游世界

爱家人

尝尽美食

再回看“记一件有意义的事”这个题目,到底什么是“有意义”的呢?

人存在的意义，就是作文中的“意义”。

人存在的意义，就是寻找“人存在的意义”。

划重点：作文属于“公界”，不要一味鼓励“说真话”

假如小学生作文写了“我喜欢三（1）班的孙小美”“讨厌同桌的王大锤”“李小花长得又黑又丑”“我最不喜欢上思想品德课”“长大了要去当大款，上街撒钱”，乃至于提到家庭隐私“爸爸妈妈求你们不要离婚”“我家最近欠了很多钱”，甚至于“失恋了，抑郁了，我应当怎么办”的情感咨询，乃至于举报就读的学校“乱收费”什么的，作为成年人，我们应该怎么办?

当然不应该晒到网上，博众人一笑，或博众人点赞。

我自己遇到过千奇百怪的作文，不禁要思考一下作文的公共界限和私人界限——我简称为“公界”和“私界”。

作文属于公界，是可公开、可交流的；个人日记、心理咨询、求爱求情、举报投诉等属于私界，是不可公开的。

因为厌恶作文中“假大空”的文风，就转而鼓励“想说什么就说什么，想写什么就写什么”，一味地强调要“说真话，写真话”。这是不负责任的，也是违反职业道德的。

有人说，作文不写真话，难道要写假话？不写真事，难道要编谎言？

并非如此。

作文要看“核心事实”是否真实。比如学生写自己见义勇为救火，却根本没有发生火灾；写亲人去世悲痛万分，其实家人都活得好好的……核心事实是虚假的，当然不行。**只要核心事实是真实的，就不能要求作文百分之百地还原“事发现场”。作文不是情况汇报，不是调查材料。**

我们的课程标准说得十分清楚：“懂得写作是为了自我表达和与人交流”。注意：这里用的是“和”，不是“或”。不是只要“自我表达”就是好的，而是要二者兼顾，要在“自我表达”和“与人交流”中找到平衡。

作文，是可以公开交流的，这应该是师生之间的共识。

总之，要谨慎处理作文中“不可公开”的内容。我一般都会单独挑出来，当面和学生交流，当面发还给他们。要么让学生自己斟酌处理这篇作文；要么告诉他们，除了作文之外，还有哪些交流沟通渠道。

二、没看过多少童话，怎么写童话

相对于“一件难忘的事”来说，孩子们更愿意写虚构故事，特别是童话。

但是，若问他们读过什么童话，答案却还是令人丧气的。

铭铭说：“我读过安徒生童话。”

依依说：“我读过格林童话。”

安徒生童话和格林童话……那好吧，知道哪些呢？“卖火柴的小女孩”“小红帽”……世界上难道就只有这几个童话么？就这几个童话，孩子们也没有真正读过，只是在婴幼儿时期，根据各种改编，根据大人的讲述，略知故事的梗概。

那好吧，就从安徒生童话说起。

我说：“那你们知道‘丑小鸭’的故事吗？”

孩子们都熟悉这个故事，七嘴八舌地讲：

世上有个奇怪的、奇大的“鸭蛋”，它最后才被鸭妈妈孵出来，长大以后，成了人人嫌弃的“丑小鸭”。直到有一天，它孤独地来到湖边，看着天鹅，很羡慕，心想什么时候我也能飞翔呢？不经意间，它低头发现自己的倒影，原来，它并不是丑小鸭，而是一只美丽的天鹅。

我是这样想的：安徒生童话等，是国外几百年前的故事，是不能直接搬进作文里的。不过，经典故事提供了模板。“灰姑娘”的故事，在影视剧中，也常常以都市面貌不断上演。

我说：“如果有一个动物，长得很特殊，和它的同类不一样，那么它会有什么样的命运呢？比如，大象是笨重的动物，但是有只大象，它长了两只大耳朵，与众不同。耳朵给它带来麻烦——它总是被自己的耳朵绊倒，在马戏团东奔西撞，出丑惹祸。偶尔有一天，这只大象发现自己可以扑扇大耳朵飞到空中……”

听到这儿，铭铭很兴奋，叫道：“《小飞象》！”《小飞象》是迪士尼的动画电影。原来，他并不是只看过安徒生童话嘛！

我又说：“再比如熊猫，一般都是憨态可掬、动作不灵活的。但是，有这样一只熊猫，它的愿望就是做一个武林高手……”

依依说：“我知道，是《功夫熊猫》！”原来，她也不是只看过格林童话嘛！

我说：“再比如说，鸟是会飞的，但是在澳洲，有一种鸟叫几维鸟（kiwi），翅膀退化，一生不能飞翔，如果有这样一只几维鸟，它愿意赌上生命去飞一次呢？”

我给孩子们看过一个动画短片。片名便是“kiwi”。当时孩子们都很感动，有的还以这个动画为内容写过作文，印象很深。

铭铭说：“我可以写一头狮子，虽然是兽中之王，但胆子非常小……”

我说：“可以啊，童话《绿野仙踪》里就有这样一头狮子。”

文文说：“是不是只能写动物啊？”

当然不是。童话没有这样的限制。于是文文写的是《羽衣甘蓝》：

从前，有一片很大很大的菜地，种了很多很多的包菜。包菜们都努力地往里面长，远远看上去，就像一颗一颗绿色的篮球。

可是，有一棵包菜，长得很不合格，向外面开放着，其他的包菜对它说："你长错了，要往里面长。"这棵包菜问："为什么呀？"大家哈哈大笑，说："这还用问吗？我们是包菜啊！包菜的包，包菜的菜！"

这棵另类的包菜，偏偏不想成为一盘菜，就一直向外绽放，颜色美丽，像彩虹一样。

于是，人们把它移植到街上的花坛里，大家都说："这真是一棵好看的羽衣甘蓝。"

在这节课上，我只是用了"丑小鸭"的模板，给孩子们简单讲了讲，就产生了很多可爱的童话作文。下面是其中的两篇。

会跳舞的小猪

从前有一户人家，他们家养了很多小猪。

那些猪吃了睡，睡了吃，本来生活得很开心。但是有一天，小猪们听到他们的主人要把它们杀死，卖掉。

其中有一只小猪知道了，说："要是我们学一些本事，主人也许就不会杀我们了！”于是，它便开始学跳舞了。

其他小猪都嘲笑它说：“别浪费时间了。就算死，死之前我们还可以多吃几天，多睡几天，多玩几天。可是你呢？如果主人一来，你连玩也玩不到了！”

学跳舞的小猪不信。每天清晨，它就开始练习舞蹈，其他小猪还在做梦呢。他们醒来一看，这只小猪正在笨拙地跳着，就说：“你疯了，我们猪是不可能学会跳舞的。跳得那么丑，第一个死的就是你吧？”

就这样，时间一天天过去了，主人来了。他第一眼就看见一只小猪与众不同，它好像并不知道自己是一只猪，它踮起脚尖，转了一圈又一圈，粉红的、胖胖的身影就像一朵月季花。

主人想：竟然有这样的小猪，我带它出去，问问别人是怎么回事。

小猪在大街上跳起舞来，吸引了很多人来观看，大家都觉得这是不同寻常的小猪，每天都有人给它照相，它成了明星。

其他的小猪都不知到什么地方去了。而这只小猪不相信只能被杀掉，它用学跳舞改变了自己的命运。这真是一只了不起的小猪。

作者为襄阳市新华路小学熊民悦（二年级）

不会开屏的孔雀

动物园里的孔雀是最会讨人喜欢的动物，最受欢迎。但是在这个动物园里，有一只很丑的孔雀，它是不会讨人喜欢的孔雀，重要的是它不会开屏，这让每个人听了都大吃一惊。

孔雀的哥哥姐姐都是动物园里的大明星，只有它受人们的冷落。每当太阳升起的时候，许多的孔雀都会起来梳妆打扮，然后叫起不会开屏的丑孔雀，对它说："长得这么丑，还不会开屏，我们有时候都怀疑你到底是不是一只孔雀。动物园只能有像我们这种漂亮高贵的动物，我劝你还是赶快离开动物园吧。"每天欺负、嘲笑既丑又不会开屏的孔雀，已经成为了它们的习惯。

这只不会开屏的孔雀一到晚上就会很努力地练习开屏，不知道是因为它太笨还是什么原因，开屏对它来说是不可能的事。它从出生那天，就觉得自己与其他小孔雀不一样，人们听说它不会开屏，都用异样的眼光看着它。丑孔雀很自卑，总是躲在角落里偷偷地哭泣，看着自己的同类在人们面前开屏，讨他们喜欢，心想：为什么自己是一只不会开屏的孔雀呢？

直到有一天，一个小男孩的到来，彻底改变了丑孔雀的命运。

这天的动物园格外热闹，因为来了一个小男孩，并不是因为小男孩很帅，而是因为他太丑了。人们纷纷议论着这个男孩，不过小男孩并没有注意这些，他一心只想去看孔雀。

小男孩长得实在是太丑了，他的父母把他关在房间里不让他出去，可是小男孩特别喜欢孔雀，他想去看真正的孔雀长什么样子，于是趁着父母不在家，偷偷溜了出来。到了观看孔雀的地方，孔雀们一看见他，就收起了尾巴，还笑着说："哟，原来人类也有长得很丑的呀。"

不会开屏的丑孔雀听了，好奇地走过来。小男孩说："我特别喜欢孔雀，可是我太丑了，所有人都歧视我，就连孔雀也不愿意为我开屏。"小男孩的声音是多么凄凉，也许是因为同病相怜，也许是因为觉得小男孩很可怜，丑孔雀决定要为小男孩开一次屏。

它努力地张开尾巴："为了小男孩的幸福，我一定要开一次屏。"

一个游客尖叫着走来："快看啊，不会开屏的丑孔雀竟然开屏了。"这让所有的游客都目瞪口呆，就连孔雀自己也不敢相信这是真的。小男孩露出了灿烂的笑容。此刻的丑孔雀不再是丑孔雀了，它变成了一只最闪耀的孔雀。

作者为襄阳市新华路小学徐静雯（五年级）

划重点：童话，不只是低幼的幻想

最爱写童话、很会写作文的依依，也会对着题目愁眉苦脸。我问她怎么了，她说："学校里布置写童话，规定必须有大灰狼、小白兔、小狐狸……"

我很不赞同：我最害怕学生的童话储备得不到更新，长到快十岁了，还在写幼儿园里听过的"狡猾的狐狸""小山羊回家""小白兔找妈妈"等低幼童话故事。没想到，连有的老师对童话的理解也停留在婴幼儿阶段。

如果小学生除了安徒生和格林兄弟的作品，再也没有读到什么吸引人的童话，那我推荐《安房直子幻想小说系列》（[日] 安房直子 / 著）。这套书字号大，分行多，排版疏，便于儿童做第一本独立阅读的文字书，内容也特别吸引人，神奇诡异，女孩子似乎更喜欢读。

此外，《中国童话》（台湾汉声杂志社 / 编写），也出版了简体版本，价格贵了一些，但是有十二册之多，内容充实生动。此书做得非常用心，特别是配图，很有中国的传统美感。特别适合低年级的小学生阅读。

更大一些的孩子，摆脱了儿童时期，并非没有童话可读了。像王尔德的童话、卡尔维诺的《意大利童话》等，未必是给小孩子读的。人长大了，并非就不再需要童话。我们依然会说："像童话一样的美景""像童话一样的浪漫""走进一个童话的世界"。童话是现实世界的镜像，它伴随我们一生，并不低幼。

三、不知道多少名言，怎么写名言的启示

有个作文题目是《一句名言给我的启示》。

文文说："老师你帮我想一句名言。"

我随口说："'失败是成功之母'。"

他说："啊？这么普通？有没有其他的？"

我又说："有啊，特别多：'书籍是人类进步的阶梯''天才是百分之一的灵感加上百分之九十九的汗水''有志者，事竟成''吃一堑，长一智''书山有路勤为径，学海无涯苦作舟''一寸光阴一寸金"……

文文没动笔，大概是觉得这些名言依然太普通。

看来文文想写特别的、不会跟同学"撞车"的名言。很多学生辛辛苦苦抄写名言，可是能记起、说完整的并没有几句。写起作文来，就直接偷懒，抬头一看，教室里、走廊上，到处都贴着名言、格言、警句：立志的、勤学的、惜时的……基本上都是营造学习氛围的句子，"学习，学习，

再学习”。

我说：“那还有这样的名言：‘世界上没有完全相同的两片树叶。’印度诗人泰戈尔说：‘当你为错过太阳而流泪，你也将错过群星了。’雕塑家罗丹说：‘对于我们的眼睛，不是缺少美，而是缺少发现。’作家马克·吐温说：‘所有的雨都会停。’还有哲学家康德的话，认同的人也比较多：‘世界上只有两样东西让我敬畏：一个是头顶上的天空，一个是人们心中的道德律。’”

我并不抄写名言，只是平时在文字堆旁边打转，走过路过，记住了一些。上述名言，都不是“劝学类”的。有的用了比喻，有的来自哲学家，貌似深奥，仔细揣摩，并不是难理解的道理。文文点点头，对我最后推荐的这一组名言表示满意，却在题目处写上——“失败是成功之母”。

早知如此，何必让我想这么多名言？是考我能背多少名言吗？

过了很久，文文还只有题目，并没有写出正文。他迟疑地说：“刚才那个康德，他说的啥？一个是什么，一个是什么？”

原来，他依然在甄选名言——如果写“失败是成功之母”，那几乎不需要费劲，写一个自己“学骑车摔跤又爬起来终于学会了”的故事，就可以了，这个名言最好写。但如果写康德的那句话，就需要很吃力地想一想啦。

我说："康德那句话，不像小孩子作文里写出来的话，你真的要写？"

他说："我觉得他说的很有道理啊。"

文文还是选择了康德：

德国的大哲学家康德曾经说过：世界上只有两样东西让我敬畏：一个是头顶上的天空，一个是人们心中的道德准则。

蓝色、深沉、美丽而又广阔的天空，是那样让人敬畏。它让人想到了远古，想到了未来，想到了牛郎织女，星座神话，外星传说……这些故事在天空这座大舞台上尽情地演绎着。天空还象征着自由，一个犯了罪的人，我们可以杀死他，但却要把他禁闭在只有一扇小窗的牢房里，让他不再见到天空的辽阔，这是一种比死还残酷的惩罚。如果你在山顶俯瞰城市，一定觉得城市的土地面积很大，但你再看一看天空，辽阔无垠，博大宽容，你绝对意识到更广阔的世界存在。

结尾写的是：

人若失去了天空和一颗道德心。那么，他活着还有什么意思呢？

划重点：作文里不能开除“负情绪”

铭铭表示：考试的时候，经常想不起来写什么事情，没有头绪。

文文说：“那还不容易！你就准备一些好人好事——一次快乐的活动，一件令人感动的事情，这件事让我喜悦，那个爱好让我满足，我最喜欢的人，我最盼望的事……”

我不赞同文文的办法，但也无从反驳。一般说来，若学生准备的是“一件让我愤怒、委屈、孤独、难过、担心、忧虑、痛苦、愧疚、失望、不满、烦躁、抑郁、嫉妒、反感、仇恨、绝望……的事”，那么写成的作文被打高分的概率会打折扣。

如果准备的是“一件让我没情绪的事”，那就更不被欣赏了。

人的情绪有阳的一面，如开心、快乐等，我称之为正情绪；有阴的一面，如委屈、难过等，我称之为负情绪；人也能情绪稳定、心如止水，我称之为“零情绪”。

负情绪，并不等于是“负面的”；有负情绪，也不代表就不是阳光少年了。亲人去世会难过，环境变差会担忧，见到有人不讲文明会反感，学习被干扰会烦躁……哪里不阳光了？负情绪也是一位有正义感、有爱心、努力上进的少年儿童的正常反应。

情绪没有好坏之分，被情绪支配而做出的不理智、不道德的行为，才是不好的。

我们的作文，特别是命题作文，不能既限定题目，又限定情绪，只让孩子们写“一件快乐的事”。被几千年的文学史所证明的“愤怒出诗人”，怎么到学生这里就不适用了呢？

“负情绪”才是写作的驱动力。一般说来，人在负情绪下更能写出动人的作品；功力深厚的伟大作家还能把正负情绪都隐藏起来，写震撼的事情，字面上反而“没情绪”，同样能起到打动人心的效果。

四、“笑”什么？为什么“笑”？

如果写一写“笑”，写什么呢？

我估计有的孩子会选择“游戏打通关了，我得意地笑”这类小事，果然，铭铭说：“我约同学在家打游戏，他打不赢我，我都快笑死了。”

文文则说：“我追小鸡，把小鸡追到水塘里，我哈哈大笑。”

依依批评他说：“哪有这么没人性的人啊？”

我说：“那如果写元旦联欢会上，同学们玩起了贴鼻子（在黑板上画一个人脑袋，蒙着眼睛贴鼻子），大家很开心，哈哈大笑。或者写和父母玩脑筋急转弯游戏，他们猜不出来，我得意地哈哈大笑呢？”

孩子们说：“这太俗了吧？”这些内容，他们见得也比较多了。

我说：“那写一写最爱看笑话书，最爱听相声，然后把那些笑话讲一讲，让读者看了哈哈大笑呢？”

这个提议也被孩子们否定了：“这多没意思！”

可不是么？转述别人讲过的故事，是技术含量最低的，而且故事多半在转述的时候走了味。

我说：“那写我期中考试考得好，终于看到了妈妈的笑容呢？”

文文说：“啊？妈妈是面瘫吗？考好了才终于笑了一下。”

我说：“对啊，这篇作文写出来也不会扣题的。因为全文几乎都不笑，到结尾才写到笑，一笑，文章就结束了。”

所以说，“笑”“笑容”“哭”“眼泪”这一类题目，虽然好写，但选材还是有高下之分的，有的“笑”本身像一团浊气，浅俗、无聊甚至猥琐，有的被记忆的风一吹就不见踪迹，有的掉在地上成了灰尘。而有些“笑”则更意味深长，有价值定格下来。

铭铭说：“那能不能写在街上遇到两个骑车的人，他们撞了一下，没有吵架，而是笑了一笑，就各自继续上路呢？”

我觉得可以，因为笑能化解矛盾。

依依说：“那能不能写我外婆很乐观，遇到再难的事情，她都说：‘哭有什么用？笑比哭好。’”我觉得可以，笑是能战胜困难，甚至苦难的。

下面是其中的一篇。

笑着走着

今天，我又看到了那对摆摊母女的笑容。

母亲五十多岁，穿得很朴素；女儿二十多岁，谈不上漂亮，笑容却很干净。菜摊上陈列着一些并不高档却很新鲜的蔬菜，叶子油亮亮的。这些菜看起来赚不了多少钱，但这对母女每天都来。

这附近的人都很照顾她们，妈妈也让我去买她们的菜，我走到摊前："这菜多少钱一斤啊？"女孩对我微微一笑："三块五一斤。"

等我买好了菜，她又笑着说："找的钱拿好。"我觉得她的笑容很美，并不是商业性的笑，而是非常诚挚和善意，让人心里舒畅。

听附近的人说，因为一场意外，她们母女失去了"顶梁柱"，现在相依为命，挺可怜的，生活也很拮据，除了卖点批发来的菜，有时也在附近的人家里做小时工，每天工作到很晚。

放学的路上，我又看到她们母女，忙完了一天的活计，正在收拾摊位。夕阳下，她们擦了擦汗，相视一笑，那是轻松的笑，发自心底的笑，让我格外感动：我原以为贫穷困苦带来的是整天愁眉苦脸，但她们的自然和乐观感染了我，我看着她们边说边笑，步履不停，渐渐走远。

作者为襄阳市新华路小学郑岩康（五年级）

我觉得“笑”的内容，还可以拓展。并不是只有在人的身上，才能用到笑。儿歌里唱“太阳当空照，花儿对我笑”“摇篮摇，月牙笑”，连母鸡下了蛋，还笑得“咯咯哒”呢！

所以有的孩子很有兴趣将“笑”扩展到山川风物上，如下面这一篇：

藤萝笑了

藤萝笑了。

那枝条上星星点点的淡紫色小花含苞待放，慢慢地膨胀起来。藤萝绽放了，动人地笑了。它们像珠帘一样倒挂着，迎风飘荡着，这温婉动听的笑声立即随风传遍山谷。空气中还残留着缕缕馨香，一串连着一串，一声接着一声，藤萝的笑声若有似无地游离在我的耳畔，“啪、啪、啪……”如烟花般在天幕中绽开一般，藤萝笑着，舞着，扭动着她那细细的腰肢。一瞬间，姹紫嫣红，漫山遍野。

树上开着藤萝，地上铺着藤萝，身上披着藤萝，我沉浸在这紫色的世界中，在藤萝的笑声中……藤萝开了，开得漂亮；藤萝笑了，笑得倾城。

作者为襄阳市新华路小学代巧（四年级）

划重点：照着“作文模板”写可以么

有人说，作文有模板就好了，可以套用，可以照葫芦画瓢，不用那么费劲了；有人说，作文就是有模板，可以套用，可以照葫芦画瓢，轻松拿高分。

我不能简单地断言谁是谁非。先来看看“作文”这样一个笼统的大口袋里，装进了哪些东西。仅从上个世纪八十年代算起，“作文”里装的东西越来越多了。

起初，作文的类型比较单一，主要是一种文体：以叙述为主，兼有抒情和议论。我们叫它“记叙文”。它既不是小说，也不是散文，既不是评论，也不是日记……它有点像这个，也有点像那个，各种文体的长处最好都来一点。总之，“记叙文”就是个四不像，是专为学生的作文训练而发明的概念。

后来，教育者发现我们的作文太不接地气。学生写了一堆样子漂亮的作文，却写不好一张请假条。这样不行！作文要改革，要实用。于是，很多文体都进入了“作文”：请假条、申请书、慰问信、实验观察、调查报告、竞选演说、寻物启事、新闻报道、导游词、说明书、小剧本、广告词、自传、序言，乃至于与时俱进的“祝福短信”“网络评论”，等等，凡是学生能接触的社会文体，没有栅栏，都可能进入作文练习。而这些我们统称为“应用文”。

说到模板，应用文有，或者可以有模板。

非应用类的，是作文平时练习和终极考查的重点。它是“轻度创造性写作”，是没有模板的；即使有模板，也是由伟大作家创造，并经过多次重复试验，已被证明是有效的、并不过时的和有价值的经验，比如童话中“丑小鸭”的故事模型（种群中的异类）。这样的“模板”，其价值犹如数学家发明了一个公式定律。我认为学生作文不具备提供“模板”的资格。

所以说，如果某一篇作文成功了，大家就以它为“模板”，结果可能是东施效颦，惨败而归。

五、不会心理描写，怎么写出高级的心理活动

她又擦了一根。火柴燃起来了，发出亮光来了。亮光落在墙上，那儿忽然变得像薄纱那么透明，她可以一直看到屋里。桌上铺着雪白的台布，摆着精致的盘子和碗，肚子里填满了苹果和梅子的烤鹅正冒着香气。更妙的是这只鹅从盘子里跳下来，背上插着刀和叉，摇摇摆摆地在地板上走着，一直向这个穷苦的小女孩走来。这时候，火柴又灭了，她面前只有一堵又厚又冷的墙。

我问："这写的是什么呀？"

依依说："是卖火柴的小女孩。"

我说："这些餐台啊，烤鹅啊，是真的有吗？"

铭铭说："没有，这是她饿晕了的时候想象出来的。"

这就是幻觉。在现实中，幻听、幻视可能都是人的精神上出了一些状况；但是，在文学描写中，幻觉描写十分奇妙，我把它视为心理描写的最高形态。

我说："这节课，就是写一写你的幻觉。"为了有显性的标志，可以比较多地使用"我仿佛""他仿佛"这样的提示语。

孩子们嘟囔着："好难啊，这也太难写了吧。"

"不会啊！你难道没有饿过吗？没有冷过吗？（虽然还没有到卖火柴的小女孩那种可怜的程度。）还有，你有没有害怕过？担心过？但是……"我强调说，"最好别都写考得不好，幻想爸爸已经举起了扫帚；或者打碎了一只花瓶，幻想妈妈的骂声已经像暴雨一样倾泻下来。"

铭铭笑了，可能他心里刚好就是这么构思的。

那么，还有什么可写的呢？

还有"寂静"，中国台湾诗人余光中写晚上在澳大利亚的草原上躺着，很静，没有一点声音，仿佛"躺在一只坏了的表壳里"；日本作家村上春树在《挪威的森林》一书中，写安静的感觉就仿佛"全世界的春雨落在全世界的草坪上"；还有"等待"，"等待仿佛有一种魔力，它把平庸的东西变得浪漫无比"；还有"擅入"，误闯红灯，在马路上就仿佛来到"怪兽公园"……

"我仿佛""他仿佛"这样的句子，也就仿佛有了一种魔力，让平凡无奇的心理活动变得神奇起来。

其实小孩子最擅长东想西想的。写“仿佛”，是他们最拿手的。

铭铭写的是《我生病的时候》：

有一次，我生病了，大人说“可能是脑子烧坏了”。我真的感觉到仿佛有什么奇怪的东西，在我脑子里流动。

我感觉脑子里仿佛有千军万马在打仗，那是正义和邪恶的战争。邪恶一方千军万马，正义一方的城堡都快要被攻破了……正在危急之时，正义一方的将军用他的箭，射向邪恶一方的将军，一箭穿心，邪恶一方仿佛退潮一样被打败了。我的身体轻松了很多……

依依写的是《一个人在家的时候》：

清明节时，传说天上的家人要用钱。晚上 12 点整，妈妈、姥姥和外公下楼烧纸钱，爸爸出差了，我只好一个人在家里。

虽然还是春天，可是我感到一阵寒冷，用被子把身子包得严严实实的。风，静静地刮着，对我来说，仿佛像恶魔的爪子一样可怕。一刻钟过去了，妈妈他们还没有回来，我更加害怕了，担心他们是不是被妖怪捉走了。半个小时过去了，我的担心翻了一倍，于是，我把房间的灯全部打开，把被子裹得更紧了。风，呼呼地刮着，把窗帘也刮得披散开，仿佛魔女的头发……

文文写的是《一个人走夜路的时候》：

那是我 6 岁的时候，一天傍晚，我和家人一起去表弟家。我们一见面，他就拉着我来到一片小树林里，那儿离家很远，但那是回家的必经之路。表弟说，这里原来是菜地，为了防偷菜贼，设计成了一个小迷宫，还没等我说话，他就拉着我进入了这片树林，那里种着一人高的树，一棵连着一棵，我走了才一会儿，就觉得头晕目眩，这些树长得很相似，也让人很容易就迷路了。表弟跑得很快，没一会儿，我们就分散了，分散的时候，天已经黑了，我又不熟悉这里，只好摸索着走。我越走越害怕，一种恐惧感瞬间笼罩了我的心灵，我像听见了自己怦怦作响的心跳，我只好忐忑不安地在这里走着。

一阵风吹过来，树林里传来怪怪的声音，好像人在哭泣，我仔细听，又听不见什么了，我不禁想起来那一个个可怕的故事，每一个声响都好像走路声、说话声，我总觉得有人会从后面蹿出，一口咬掉我的脑子。

我定定神，在心里鼓励自己：没什么大不了的，世上并没有鬼，这是幻想，并不会出现鬼，我一定要战胜内心的恐惧。

终于，我摸索着走了出去，当看到美丽的荷花池时，我在心里感叹："当真是'山重水复疑无路，柳暗花明又一村'啊！姥姥家就在池子旁边100米处，这说明，我到家了！"

划重点：把毛孔写开，要写生理感受

我给孩子们看饮料广告：某个人远足跋涉，登上山顶，焦渴中发现冰雪宫殿，冰美人端来冰饮料，喝下饮料，打了一个响嗝……

我给孩子们看音乐播放器广告：某个人戴上耳机，音乐响起，耳机线的走向和血管一致，就像给体内充电一样，他听着音乐，血脉偾张……

我给孩子们看空调广告：某个人打开空调，家里瞬间变成野外：竹林环绕，微风拂动，似乎置身大自然……

我问："这些广告有什么共同之处？"

铭铭说："都很享受，很爽的感觉。"

我说："这几个广告手法其实差不多，都是要表现人使用产品之后的感觉，感觉非常舒坦。这些广告拍得挺好的，都得了奖。但是，广告就是广告，它不能真的抵达人的体内对吧？所以我们看到的'爽'还是外部化的：打嗝啊，血管膨胀啊，头发飘啊飘……"

文文说："老师，我觉得也可以抵达体内——饮料里可以假装有个小冰人，顺着喉咙溜到肚子里；耳机里也可以假装有个小火人，顺着血管跑到人的心脏里……"

依依说："那空调里怎么藏个小人啊？"

文文说："空调里也可以假装有个小空气人，顺着毛孔跑到人的皮肤里。"

我说："好吧，我们写作文，经常也需要描写自己的感受，比如说你很享受，或者你很难受。这个时候，最好能把毛孔打开，让文字跑到你的身体里去，在身体里到处游走，你就写爽了。"

作文教学里，经常强调“要多写心理活动”，这个教法是残缺的。其实，还应当写写“生理活动”。

个人独特的生理感受，最高级的仪器也探测不出来，最高明的画家也画不出来，这是只有语言文字才能传达的。最优秀的作家，不仅善于写心理活动，也特别擅长写生理活动。比如老舍在《骆驼祥子》中写主人公烈日下拉车的感觉：

> 走了会儿，脚心跟鞋袜粘在一块，好像踩着块湿泥，非常难过，本来不想再喝水，可是见了井不由得又过去灌了一气，不为解渴，似乎专为享受井水那点凉气，从口腔到胃里，忽然凉了一下，身上的毛孔猛地一收缩，打个冷战，非常舒服。喝完，他连连地打嗝，水要往上漾。

是不是感同身受？不只是“非常难过”这么简单的词，而是从体外到体内，从体内到体外，文字在人的身体里游走。

比如，作文题目是“______让我陶醉”，可以写什么呢？

依依说：“花香让我陶醉。”那除了心理活动，肯定也要写嗅觉。

铭铭说：“美食让我陶醉。”那除了心理活动，肯定也要写味觉。

文文写的是《躺在草地上看天空让我陶醉》：

每当我躺在柔软的草地上，抬头仰望，总觉得自己融入了云朵与大自然之间。

云朵的形状变化莫测，让人捉摸不透，时而像几只小狗在玩耍；时而出现几间灰色的瓦屋，有一些古代的人出出进进。

草地的柔软，也让人想起大地母亲的手掌。小草在身旁为我挠痒，一阵微风从我脸边蹭过，野花随着风的节奏，摇摆得忽快忽慢，像是在和我打招呼。

太阳散发出温柔的光芒，不刺眼，我同小草、小花、树木，一齐享受这般温暖。

待我起来的时候，太阳已经偏西，但树木好似能看懂我的行动，借着风儿的帮助，树叶轻轻摇摆，好像在和我说再见。

六、写一写温暖、自然的作文

“温暖”，如果题材扩大到社会，写“助人”或“被助”，那必定是学生虚构故事的重点区域。

有的孩子写：在上学的路上，我看到了（或我遭受到了）严重的车祸，行人围观，交通阻塞。我将受伤的人送到医院（或别人将我送到医院），并支付了巨额的医药费。医生说需要输血，我给他（或他给我）输血，给了他（或给了我）第二次生命。我们俩激动地拥抱在一起，流下感动的热泪。

文文看了，笑着说：“做了这么大的好事，肯定要上本地新闻，怎么我一点也没听说呢？”

我说：“你们虽然还是小学生，但在作文中，也不应该仅仅是关爱的接受者——爸爸妈妈怎么给你们盖被子，温暖地照顾你们；你们也可以是施与者。就是说，写温暖，可以是我们关心别人。比如对老者、贫困者、失亲孤独者、患病者、乞讨者、打工者、失学者……你们有没有帮助过他们？”

铭铭立刻矢口否认：“没有，我给乞讨的人一块钱，也要犹豫好久，怕他是骗子。”

我问：“那遇到暂时有困难的人呢？谁都会遇到吧？比如丢东西的、迷路的、寻人的、过马路的……这种事经常会有吧？”

孩子们面面相觑：“没有。你有么？我也没有。”

也许他们帮助过别人，但觉得微不足道，不值得大书特书；也许他们仅仅是怕写作文吧，所以不约而同地否认。

我说：“那……对动物也可以，比如救助流浪猫、流浪狗。”

依依说：“我在路上看到有几个人拿着捐款箱，是救助流浪动物的。我就回家把压岁钱取出来捐了，这算不算？”

我问：“多少钱？”

她说：“三千多。”

铭铭表示她肯定是上当受骗了，依依就不吭声了。

铭铭说：“我奶奶特别善良，她不让我们吃活鱼。有时候我妈在菜市场买了鱼，奶奶就去小清河里放生了。”

文文表示这是破坏生态，铭铭也不吭声了。

“温暖”“感动”等表现社会正能量的命题，其实非常难写，这并不是说“令人感动”是小概率事件，平时遇不到；而是孩子还小，不能准确把握社会人际关系的尺度，对情感表达方式也难以拿捏。这一点，在成人的叙事中也常常出现尴尬。一写起文章，就会不自觉夸大，比如生活中一句简单的“谢谢”，在作文中就变成拥抱在一起，热泪盈眶。

我给孩子们看了一些“劝善”的公益广告，比如 *One Day*（非营利性组织 Life Vest Inside 创作），它拍摄的是一个循环街景，每个人接受帮助也施与援手，一个镜头拍到底，没有煽情，却非常温馨，令人如沐春风。还有阿联酋的动画短片《我劝你善良》（迪拜国民银行创作），也拍得特别好。看完之后，孩子们得到了启发：帮助别人，其实是举手之劳，非常自然，也无需很多痛哭流涕的夸张表演。

铭铭说：“我们小区有一棵树，长得特别歪，早锻炼的人喜欢挂在上面，把它当单杠，有的人还在树上蹭，把树皮都蹭掉了。我爷爷看到就去劝他们不要蹭小树；还有一次，不知道谁把烟头扔到树下面，把树都点着了，我爷爷赶紧

把火踩灭……这算不算正能量啊？”

呵护植物，也是爱护环境嘛，我觉得算。

文文说：“我有一次等公交车，看到清洁工人在揭小广告。他们拿着小铲子，一铲，一揭，小广告就被揭掉了。我看到一个奇怪的场景：墙上明明有个白色的小广告，那个工人正准备把它揭下来，却并没有下手，走了；又来了一个工人，他也看到了这个小广告，然后和第一个工人一样，默默地看了一下，叹了一口气，也走了。

我特别好奇，就走过去，看到了小广告的内容——那不是卖商品、办假证、做推销的广告，而是一张寻人启事，不知道是谁家丢了小孩。”

我问：“是真的么？”

文文说：“是真的，千真万确。我亲眼看到。”

我说：“也许，那个‘寻人启事’最终还是会被揭走，或者被风吹得不见踪影。不过，它还是被好心的清洁工人在街上多留了一段时间，那么丢孩子的家庭也就多一点找到孩子的机会。这个故事的确让人觉得温暖。”

下面就是“温暖”这个话题下的其中一篇作文。

雪·音乐·末班车

初冬的大街上。天上不时地飘点小雪，我刚刚上完补习班，那时已将近九点。

我到了公交车车站，在等那最后的一班车。雪花像棉絮一样，飘来飘去。天空发出人类似的气喘声，车站站牌也被雪花覆盖，天上的星星也冷得打哆嗦。“这是什么鬼天气。”我不禁抱怨道。

这时，来了一位衣衫破旧的老人，手上拿着一把二胡，他脸上的皱纹，也似乎写满了人生的经历。他用手指了指远处的灯光，打着哆嗦说了声：“车来了。”“哦，谢谢。”我感激地说道。他像是已经知道了车什么时候该来，什么时候该走，他似乎很了解这里！我不禁想到。

我手里摆弄着一枚硬币，似箭一样地冲进车门，而那位老人却走得很慢。我下意识地瞄了一眼那位老人。这时我发现，老人的鞋子上破了一个洞，腿上的裤子也只有单裤子，他的腿似乎被冻僵了，很不灵活。就在这一瞬间，我看到了他的眼神。心，猛地颤抖了一下，不禁流露出怜悯之心。

我迈进了车门，把自己的那一枚硬币投了进去。这时，我看到了冻僵的手，很艰难地在口袋里掏着，就说：“没事，我帮你付吧。”我又找出一枚硬币，投了进去。老人的眼中流露出感激之情。

上了公交车，我扫了一眼，只有几个乘客，我赶紧安顿自己坐了下来。我望着窗外，只见雪越下越大，刚才天上闪烁的星星也不见了踪影。我多想赶快回到温暖的家中啊。

就在这时，老人轻声说道："小伙子，我也没有什么可以报答你的，我给你拉几首曲子吧。"说完，他的手上下起伏，这末班车，于是穿行在寂静的城市中，开始了一段音乐之旅。

他拉的曲子，缓慢而有节奏，让人一听，就陶醉其中。这时，我似乎看见窗外不再是大雪纷飞的冬夜，而是春天里那向晚的微风。风抚摸着草尖，吹绿了大地，还有那小河潺潺流水的声音和小鸟动听的歌声。我仿佛进入了童话世界。那里一切的一切都是美好的童话世界，是充满了温暖温情的世界。

今天，我再次回想起这件事，我才知道，那是有多温暖：一辆末班车上，载着夜归之人，载着音乐，也载着人间温情，那该是多么美好而难忘的事啊！

作者为襄阳市新华路小学易享哲（四年级）

划重点：丰富核心情节，会一点艺术的真实

下水道，我讲了一节课。

我说："你们有没有注意过平常在路上踩到的窨井盖是什么样子的？"

铭铭说:“圆的。”

依依说:“上面有两个字:污水。”

其实,“污水盖”也可以是艺术品。网上可以搜索到“窨井盖艺术”的很多图,我自己去旅游,在地上看到各种色彩斑斓的圆盖子,已经习以为常:日本的污水盖都很漂亮,一般铸着当地的名胜古迹、地标建筑,或是特产风物……一个污水盖,也是宣传当地旅游的窗口。

孩子们看了“下水道盖子”艺术品,很喜欢;不过,看到“下水道”自身也像艺术宫殿一样,更是惊讶。法国的下水道可以成为城市的游览景点,难怪法国作家雨果说“下水道是一个城市的智慧与良心”。

我还介绍了几部“下水道题材”的电影。比如《歌剧魅影》的片段,孩子们对下水道里隐藏了一个阴湿神秘、烛光闪烁、精致豪华的宫殿,感到特别惊奇;还有《黑暗弥漫》,二战时期,一位波兰的管道环卫工人,将一群犹太人藏身在下水道中,帮助他们躲避屠杀……他应该算是“最美环卫工人”之一吧?

我说:“还有很多电影情节,是在下水道上演的……”

铭铭说:“我知道,《忍者神龟》。”

文文说:“蜘蛛侠也在下水道打斗过。”

再看“最美环卫工人”,网络上的新闻图片非常多。我发现几乎在每个城市，每场暴雨后，都会出现。每当暴雨来临，就有大批的环卫工人顶风冒雨，去积水中寻找和守卫他们的窨井盖，他们穿着雨衣，站在齐腰深的水中，坚守脚下的这个“危险地带”，排掉积水，保障城市和行人的安全。

依依说：“是的，我也看见过，我要是拍下来，也能上新闻。”

铭铭说：“我怎么没有看见过？我走的路从来不积水。”

文文说：“那可能人家已经把水排掉了……”

这节课上，学生们做的是同题的练习，题目叫“暴风雨中守护的良心”。网络上的图片新闻事件，是生活的真实；如果写进自己的作文，从“耳闻”变为“目睹”，则需要艺术的真实。我们教作文一直强调“真实”，如果这样练习，涉嫌虚假伪造么？我觉得不会！首先核心事实是真的：学生遇到过暴雨，城市遇到过水患，水患见证过人性……没有恰好遇到“最美环卫工人”，只是没有赶上恰好的时间和地点而已。

我打消顾虑，决定好好设计这个作文练习。学生要在核心事实的基础上，丰富情节，完成各种细节，写成饱满的作文。比如，开头写暴雨，暴雨的具体描写，则各自发挥；暴雨中行人四散躲雨，躲雨的各种细节，要各自想象。完成这次练习，每个孩子都需要写到八百字以上。

练习的结果证明，孩子们挺喜欢写的，很兴奋：终于可以在真实的基础上，加上艺术的想象了。但也有写得太不真实的，比如有的孩子写："我问叔叔：'你为什么站在水里呀？'叔叔说：'毛主席教导我们要全心全意为人民服务，所以，为了城市的安全，我宁可献出生命。'"

七、不了解历史，怎么写“我想生活在哪个年代”

小学生写了篇作文，题为《历史乱套了》：“我认为的历史是这样的：本来全世界的石头都是连在一起的，由于盘古开天地时力量无比大，所以把石头都震成了我们现在看见的小块块。但有一块例外了，它有一个故宫城那么大，人们千百年来都认为它是一块妖石。然而有一天，这块石头爆发了，天在震动，地在摇晃，突然，从石头里蹿出一只小猴子，他就是孙悟空。孙悟空取经回来后，和白骨精结婚，住在盘丝洞里，几个月后，他们生了一个女儿，取名叫慈禧……”

大人可能觉得这篇作文很搞笑；我给孩子们看了看，孩子们却很气愤：“乱写一气”“写得不对”。

那么对的历史，他们知道多少呢？就我的经验看，虽然有一些热爱历史或精通某段历史（比如三国时期历史）的学生；但小学毕业时，还在问“唐朝在前面还是宋朝在前面”“东晋在前面还是西晋在前面”的孩子，也不在少数。

我首先得让学生纵览一下历史，他们才能从中选择自己钟爱哪个朝代。网上有《简明中国史》一篇，也是戏谑之作：“盘古说：我开；女娲说：我补……”一直到“林则徐说：我销；洪秀全说：我反；康有为说：我变；孙中山说：看我的。慈禧说：木偶戏你当好演啊……”

虽然我一边介绍，一边诠释，但学生还是半懂不懂。比如“木偶戏”说的是慈禧垂帘听政，就是操纵傀儡。那“什么是垂帘听政”“傀儡是什么呀”……在二三十分钟之内讲完历史，可真难啊！

如果是世界历史呢？那恐怕就更难了。好在我找到了一个动图：“十分钟了解世界历史”。人类几千年的历史一经浓缩和快进，就成了这样：原始人出现，混战，变为白骨、废墟；荒草长出，下一拨儿人类出现，混战，变为白骨、废墟；荒草长出，再下一拨儿人类出现，再混战……人类越来越进化，武器越来越高级，但混战、白骨和荒草，却是周而复始的。

文文看了说：“我知道了，历史原来就是不停地重复啊！”

我说：“你倒是说到历史的本质了。”

依依说："我喜欢唐朝，以胖为美。"

铭铭说："只要不是生活在清朝都可以，我可不想剃半只头，后面再拖根辫子。"

文文说："生活在原始社会也挺好的。穿虎皮，追猎豹，再逮个猴。"

这个想法得到了很多孩子的支持，因为大都看过动画片《疯狂原始人》。

铭铭选择当忠臣良将：

我想生活在西汉汉武帝时期，我想当他的一名武将，努力练功，与霍去病和卫青一起去攻打曾经侵犯西汉的匈奴。并且跟汉武帝说，要时刻提防王莽，他很有可能篡夺王位，使西汉灭亡；我还想去唐朝，劝一劝唐高宗好好管理国家，向她的老婆武则天学习，让唐朝持续繁荣……

文文写的是：

如果让我选择，我想生活在石器时代。

那个时候，万物都还没有名字，我可以给"雨"起名字：大雨、中雨、小雨；世界上大多数事物，都是我命名的。

那个时候，漫山遍野都是石头，我发现石头可以砍，可以削，可以垒成灶，可以盖成屋，可以当投石器打野兽……打死的野兽，就用火来烤。对了，火也是我发现的，我在一棵老枯树身上钻了一天，才留下了一点火星。火可以把野兽驱走，我们高兴的时候，还可以围着火，跳一晚上的舞蹈。

我有时候会爬上最高的山，发现下面的河流好长啊，不知道要流到哪里；天空也好大啊，不知道上面有些什么；空气也好清新啊，不知道什么叫污染……

小学生可以读一点中国历史书，比如《上下五千年》，是经典的中国历史普及读物；再如《希利尔讲世界史》《希利尔讲世界地理》《希利尔讲艺术史》套装，是教育家写的通俗读物，用给小学生上课的口吻来写。我个人更喜爱讲世界地理的那本。适合小学高年级或初中生阅读。

划重点：与其瞎“指导”，还不如给孩子张罗几本书看

我经常对家长说：“孩子还是要多看书。”

家长说：“订了好多书，每个月都看。”

我问是什么书，原来是杂志。我认为杂志就是杂志，杂志不是书。

杂志也有好的地方：资讯快捷、便宜易读。但杂志是

碎片化的，比如你前一篇才看到“人生是多么美好”“生活处处有欢乐”，刚刚笑得乐不可支；后一篇就看到“我的天空布满阴霾”“忧伤何时才能散去”，一下子又被带入谷底，情绪跳转得也太快了，很难沉浸到比较深的阅读氛围里。另外，杂志的内容是不同作者写的，传达的价值观不尽相同，甚至互相矛盾。上一位作者说“人生应该精打细算”，你刚刚表示赞同；下一位作者却说“人生得意须尽欢，千金散尽还复来”，你觉得也有几分道理：上一位作者刚刚坚定表示“事在人为”，下一位作者却低回感叹“一切都是天意”……

另外，一本书对大脑皮层的刺激，远远大于一本杂志：一本完整的书，要前后相应、上下勾连，传达出的信息量更大，构建的文字世界更有逻辑，也需要读者用更复杂、更缜密的思维去理解。杂志呢，在这方面就弱一些。

我遇到的写作文最困难的孩子，除了教科书之外，是不读任何课外书的；稍好一点的，可以读漫画书，看不进全是字的书；再稍好一点的，可以看看杂志和网文，实体书读不进去。而作文好的孩子，全都是有一定阅读量的；特别是有一部分孩子，渐渐开始读成人的书——而成人的书显然是另一个世界，数量远远大于童书，挑选的余地更大。

张罗几本书呢？一年最少也应该看五六本书吧。那这个孩子的阅读量，就超过中国人均读书量了！何愁认知能力、文化程度、语文成绩比别的孩子差呢！

怎样写好作文？第一是阅读，第二是阅读，第三还是阅读。

八、不会文艺范儿，怎么让作文显得“文艺范儿”

铭铭问：“怎么能让我的作文‘文艺范儿’？”

我看了看他：长得不文艺范儿，说话也不文艺范儿，为什么作文要追求文艺范儿呢？

他说：“文艺范儿能得高分，可我就是不会。”

其实这个想法没有什么错，写文章本来就是个文艺工作，“文艺范儿”能让作文显得文笔好、高端、上档次，更容易得高分，这也是事实。不过，到底什么叫文艺范儿？

“文艺范儿”不是什么专业名词，就像网上给青年人胡乱的分类“普通青年”“文艺青年”“二傻青年”……一样，并不严肃。所以，文艺范儿是什么范儿呢？……说也说不清楚，反正就是那个范儿！

“床前明月光，疑是地上霜，举头望明月，低头思故乡。”其实就挺文艺范儿的：“秋夜，清凉如水的月光从窗棂间泻进室内，就好像是白霜铺满一地。此情此景，让游子更生孤寂感和淡淡的忧伤。在这个天涯共此时的秋夜，更让人想起远在天边的故乡……”翻译成白话文是不是很文艺？如果把上述的意思说成：“我挺想家的。”大概就不够文艺范儿，是普通青年；如果说成：“哎呀，妈呀，在外面待够了，我忒想家了！”大约就更不文艺范儿了。

所以，初学“文艺范儿”，可以记住必备的要素：一定要写“风物”——风景物件。

换句话说，不管你的字数多么紧张，篇幅多么节约，都得腾出闲笔来写“风物”。无风物，就是直白的情感，就是“我忒烦了！”式的宣泄，就永远也不能文艺范儿。

铭铭现在已经不是作文困难户了，但他不满意，羡慕文文和依依。别人的作文总能得到“文笔优美”的评价，不仅自己感觉好，老师也欣赏，考试也能得更高的分数。

我可以告诉铭铭简单的“绝招”，它不是“文艺范儿”的本质，但也能解决铭铭目前的问题。

我说：“你想想，哪些东西有文艺范儿？比如月光、秋水、兰花、竹林、清茶、琴声、白衫……田园风景也可以文艺范儿，比如小桥、炊烟、雾霭、细雨……雄浑壮美的也可以，如涛声、雷鸣、虹霓、山岚……嘈杂颓废的像荆棘、泥泞、茅草、滩头等也可以文艺范儿。不过，像泡馍、油烟、猪大肠、臭袜子这些东西，你怎么写也不会文艺范儿吧？像你们小学生吧，有的人写作文只顾得上叙事，根本想不起来要拿个‘风景物件’来起范儿。”

他想了想，觉得是这个理儿：“我要写的是告别小学生活。”

我说：“那就是‘淡淡的忧伤’，太文艺范儿了！再想想校园里有什么文艺范儿的东西，先从它写起，起范儿，有没有白杨树林？”

他说：“没有……对了，有栀子花，栀子花又叫毕业花。”我没听说过。他解释道：“因为花开时，刚好是学生快毕业的时候。有一首歌就叫《栀子花开》，栀子花开呀开……”

他的作文题目就叫《栀子花开》，题目一听就文艺范儿，写得也挺文艺范儿的嘛：

“栀子花开，so beautiful so white，在这个季节，我们将离开。”

夏日，烈日炎炎，伴随着清香，栀子花开了。栀子花又叫毕业花，每当学生们即将告别母校时，它就无声无息地开放了。

打开泛黄的日记，回忆伴随着栀子花的香气涌上心头，过去的一幕一幕，苦涩又清香，让人久久不能忘怀。

他回忆了自己的小学生活，从懵懂的孩童，成长为一个懂事的少年。在成长过程中，栀子花年年岁岁陪伴，从长出花苞，到花谢。结尾是这样写的：

> 六月，栀子花谢了，谢得那么优雅，一片片凋零的花瓣在空中翩翩起舞，落在土中，这时，我们走了，到了不同的土壤中。明年，还会有新的花瓣守护着它。
>
> 花，初绽，开花，凋谢……回味无穷。

划重点：背作文有用吗？

考试之前，有的学生对我说："我们是不是也应当背几篇作文呢？"

我说："除非你的作文只能写三五行，那么背几篇作文来应考，至少可以成章。对于绝大部分同学来说，都不必背作文。即便背了，能撞题的概率，也相当于撞机，是一次意外而已。"

但是，背作文，就真的没有用吗？也不是的。要"背"的，不只是几篇而已，可能是很多很多，很多很多……

你有没有这样的经验，有些歌，你听很多遍也没留下什么印象，但有些旋律你一听就记住了，很快就能跟着哼唱；有些画，你看过就忘记了，但有些画面，你闭上眼睛就能回忆起来……

好吧，你其实已经把这些旋律和画面"背下来"了。

对于文字，也是一样的，有没有一些话，并不需要特意强记，就直接可以脱口而出呢？比如“失去的才是最好的”这句话，我相信很多人看一眼就记住了，因为它正好说出了人人都有过的感受。

需要“背”的，是你一直都想说，但是一直都说不好的句子；一直想表达，但找不到怎么写的表达方法。在你某天需要表达的时候，这个句子就脱口而出了；某个结构，就被你拿过来用了。

你不一定要背老师指定的那几篇，而应当记住你百分之百赞同的说法，百分之百欣赏的写法，百分之百佩服的思维方式——也就是和你“同频”的东西。这样去“背”，“背”过的“范文”才会在关键时候跳出来帮你。

考试作文，常常是急就章。情急之下，什么东西能慷慨地伸出援手，无私地帮助你呢？不用说，是你曾经“背”过的那些句子、那些构思、那些思维方式。这个“功法”一旦被你使用，就是自己能力的一部分了。

写考场作文，完全不具备逐字、逐句、逐篇抄袭的条件。这绝对不是“抄袭”。

第五章

未来与想象

一、假如时光可以倒流，倒流到何时？

作文题目是“假如时光可以倒流”。

我问文文：“你想写什么呢？”

文文说：“我想写假如时光可以倒流，我就要在期中考试的前一晚好好背书，第二天考得好一点。”

这个构思，可太让人沮丧了。“时光倒流”这样难得的机会，不去做大事，改变命运，却拿来背书考试，以便逃过被爸爸骂一顿，这多小气啊！你把“时光倒流”的机会，拿来记下彩票中奖的号码，让你的爸爸发一笔财，也比背课文好很多吧？

我说：“如果你写这个，可能满篇都是后悔啊，内疚啊，骂自己啊，作文就变成检讨书了……”

文文提案被否，一时想不出有什么可写的，就顿住了。

时光是不是可以倒流呢？理论上是可以的。

穿越时空的影视作品中外都有。外国的电影有《重返中世纪》《时光倒流七十年》《重返侏罗纪》等，电影《源代码》则讲了一个更复杂的故事（以下剧透）：

> 上尉被送回到八分钟后就会爆炸的列车上（这个列车在现实中已经爆炸了，这个上尉在现实中也已经死亡了）。把他送回去的目的，是让他利用还没有死亡的脑细胞，在列车爆炸前的最后八分钟之内找出凶手，他一次又一次地被送回到这趟列车上，不断地穿越、重生，完成不同的任务……那么，有没有可能，上尉最终阻止这个已经“悲剧”了爆炸呢？

这一类穿越时空的电影，比“清穿剧”（穿越到清朝宫廷当格格、娘娘、宫女）要有意思得多。

考虑到文文年龄还小，对朝代和历史可能不了解，可

能写不了历史穿越，就算他穿越到唐代也干不了什么，只能干站一会儿就回来。我给了他两个方案：要么穿越到还没有历史记录的时代——远古，洪荒，侏罗纪，石器时代；要么就穿越到前几年，自己还有记忆的时代。

我说："你经历过汶川地震吧？"

他的记忆被唤起："对，是的，那天我们这里也能感觉到地震，大家都到操场上去了！我如果能穿越，就可以在2008年5月12日下午两点前，告诉所有人汶川马上会有八级大地震。告诉他们不要待在屋子里，告诉所有的孩子，不要待在教室里，一定要到空旷的操场上去……"

他有点动容，说："假如时光可以倒流，就可以挽救很多人的生命。"这显然已经比他之前的"考得好点"，境界不知上了多少档次。

他很快就开始写了，写自己回到2008年，成为一个能改变历史的英雄。写得很快，二十分钟就写完了，但字数相对不算多。

我说："你还可以再穿越一次，你打算回到哪一年？"

他说："唐山地震是哪一年？"

我说："1976年。"

他点点头，在网上搜索了一些唐山大地震的资料，虽然这次大灾难发生在他出生之前，但是也同样震撼了他。

他感慨说："时光倒流真好啊，可以改变好多人的命运。"

我说:“这话说得好。写完了就拿这句话结尾吧。”

划重点:不要害怕记流水账

很多同学的作文都曾被老师批评:“你这哪儿像写作文?你这是记流水账!”

很多同学看自己的作文,也会很不好意思地说:“写得不好,是在记流水账!”

我一直很纳闷:“流水账”是什么样子的账?流水账怎么就不好了?

同学们大都不知道“流水账”是个什么账,但知道流水账不是个好东西。于是很怕写作文,因为一写就被说成是记“流水账”,慢慢就不太敢写,甚至最后根本不想写了。

我经常想,记流水账的人是多么平凡而伟大啊!大泽山农民刘元九,从 1982 年开始记家庭流水账本,大到购置彩电、冰箱、洗衣机,小到花三分钱买一支冰糕。流水账一记就是二十五年,用了二十四本小学生作业本。账本虽然琐碎,记录的却是改革开放巨大的社会变迁。这份“流水账”现在已经捐献给国家,成为了国家博物馆的馆藏文物。

《安妮日记》是犹太姑娘安妮为躲避搜捕,躲在密室中写的。后被拍成电影,也选入初中课文。安妮从十三岁写起,写了两年,直到有一天被纳粹抓进集中营,日记突然中断。

其中有一篇，就是记“流水账”的形式，这里节选几段（有删节）。

这里的生活和太平岁月及一般人太不一样了。不过，为了让你更清楚我们的生活，我会不时将一天的某些部分描述一下。我先从入夜和夜里说起。

晚上九点钟。在密室，就寝时间快到了，总是先来一阵忙乱。椅子挪位，床拉开来，毯子摊开——没有一样东西保持白天的原位。我睡一张没有靠背的长沙发，只有五尺长，因此必须接几张椅子加长。

……钟敲九点。彼得收拾完毕，就轮到我上盥洗室。我从头到脚洗一遍，不时还发现水槽里漂着一只小小的跳蚤（炎热的月、周、日才有）。我刷牙、卷头发、修指甲、往上唇拍一点过氧化氢来漂白那些黑毛——这些都在半小时内做完。

九点三十分。我套上浴袍，一手肥皂，一手夜壶、夹发针、底裤、发卷和一叠棉花，匆匆出了盥洗室。下面一个人一定叫我回去打发我留在水槽里的那些卷得很优美但不大能看的发丝。十点。拉上全黑窗帘，互道晚安的时间。

……大约三点。我得起床动用我床底下的铁罐子。为了安全起见，这铁罐子底下有一层橡皮垫防漏。这时我总是屏住呼吸，因为小便进罐时稀里哗啦像小溪奔下山涧。

……七点十五分。门又吱呀一声。杜瑟尔可以上厕所了。剩下我一个人，我拉开全黑窗帘：密室又开始新的一天。

通过这些十分真实的记录语言，读者才可以了解，小小密室藏了不同家庭的八个人，过着怎样拥挤、有序、压抑、枯燥、重复、黑暗的生活。

记录是琐碎的，也是珍贵的。一个写作者，无论水平有多高，都不应该放弃记录。有些老师和同学对“流水账”有误解，对此严加打击和贬斥。所以现在的作文有种不好的倾向，就是放弃记录生活，放弃平易的语言，转而去寻找美词妙句，去发一些莫名其妙的议论。

其实，并没有哪个学生写作文真的记“流水账”；记录的，还是生活中的人和事，记着记着，就会忍不住发一些议论，表达一些看法，渐渐就脱离流水账啦！

所以说，记流水账并不可耻，记一记又何妨呢！如果全世界不同角落不同身份的人，同写“一天的流水账”，汇总在一起，那该多有意思，也构成了世界的一个横截面呢。

二、未来的世界……先想出来再说

“未来的……”

未来的一切，我以为小朋友的想法最靠谱。他们是属于未来的，未来是属于他们的嘛。

依依说：“我想写未来的文具盒。可以自动显示课程表，可以转换颜色，可以自动播放课文……”

我说：“那已经有了啊，iPad 就都可以做到，用手机下个 APP 也可以，还不止这些功能呢。”

铭铭说：“我想写未来家里的机器，一按按钮，它就给我做好早餐；一按按钮，它就给我打扫房间，一按按钮，它给我穿好衣服；一按按钮，它就给我喂饭……”

我说：“这个……微波炉、电饭锅、炒菜机、扫地机器人，不是都可以买么？一按按钮，它们就开始干活了。”再说“喂饭”，八十多年前，电影里就有了。卓别林的《摩登时代》里，机器手臂贴身服务，自动喂饭，不想吃也硬塞硬灌……

可见,小孩子对未来科技的“异想天开”并不完全靠谱。他们并不明确知道自己站在科技发展的哪一截上。明明科技已经实现,人们正在享用,孩子还不清楚,结果写出来的“未来世界”是属于过去的,就搞笑了。

说起对未来科技的想法,有一套图片很有意思。一百多年前的巴黎世博会期间,发行了一套“未来主义的商业名片”的画片,装在雪茄盒里发放,想象的是公元2000年的生活图景(搜索“100年前 法国 预测2000年”字样可以找到)。

现在,一百年已经过去,当年做出这些设想的人,肯定燃尽了大脑细胞,可惜他们已经作古,无法验证画片中的未来是否实现。不过,我们今人可以轻轻松松地帮他们验证。看看哪些已经实现,哪些尚未实现,哪些再推一百年可能实现,哪些最好不要实现。

孩子们因为已经获得了“历史的答案”,所以特别踊跃,给一百年前的想象打勾打叉。

看到一张图,依依说:“这个是放电影么?”

我说:“好像不是电影,一百年前电影已经出现了。”

文文说:“哈哈,我知道了,这是电视!”

画片上想象的是“影像和声音的实况直播”,可不就是今天的电视么!还有很多已经实现了:比如庄稼收割机,盖房子的吊臂机械，监狱里的监控设备……画片上还预测，到 2000 年，马是让人惊奇的动物，只能在展览会上看到，因为已经灭绝了。

孩子们更感兴趣的是经过了一百年还未实现的设想。比如消防队员背着像蝙蝠那样的翅膀，飞来飞去地在高空给高楼灭火；比如把课本放进搅拌机，通过一些线路，直接把知识灌进学生脑子里；比如绑在鲨鱼身上的海底公交车；比如把整座城市放在玻璃罩里；比如把镭放在壁炉里，直接燃烧取暖。这些图片，都引起小孩子的热烈讨论。

我自己并非科技达人，只是科技的消费者，而且是“按钮派”，按钮里面是什么，全然不知。我平时搜集了一些“未来世界”的资料，给学生播放了一部分，其中有 2010 年上海世博会的短片《未来与城市》。孩子们对其中的汽车感兴趣：它非常小巧，随处充电，自动驾驶，穿行在立体公路上，永不堵车。

这真是有意义的一课。我也有几个有关未来的设想，说出来不怕大家笑话：搭建一座电梯，通向各个星球，实现宇宙间的运输，电梯的电源靠太阳能解决。一按按钮，就可以宇宙旅行啦！还有未来的学校，已经全部解散，孩子们在自己家里通过网络学习，家教员就像快递员一样，一大早就赶往各家各户……

划重点：好的文字，应有强烈的画面感

“桌子上有一杯饮料。”

“桌子上有一杯可乐。”

有区别吗？当然有。读到第一句时，你脑子里很难形成图像。饮料？什么饮料？红的还是白的？甜的还是酸的？都不知道。饮料只是个总称，是个名词，是个模模糊糊的东西。

读到第二句，你的脑子里是不是立刻就有了画面？杯子里是可乐，是你熟悉的深色液体，杯壁上似乎还形成了一些气泡，喝进去有清凉的感觉。

朱自清在《春》中写：“桃树、杏树、梨树，你不让我，我不让你，都开满了花赶趟儿……”为什么不说：“果树都开满了花儿赶趟……”非要把每种树的名称都写出来吗？

是的。非要写出来不可。果树，是无法形成画面的词。桃树！——那就不一样了！一字之差，你的脑海里就出现了一片殷红的景象：早春的清新空气中，花瓣艳丽，娇嫩，张扬，灼灼其华，昭示着青春气息。

朱自清接着写："……树上仿佛已经满是桃儿、杏儿、梨儿。"

作者为何不统称为"果儿"？"树上结出了果儿"？——"果儿"不好，是统称，不是任何实体，不能形成画面。"桃儿"就大不一样了！它像一个可爱的小脑瓜，味道香甜可口。

好的文字，真的是可以拿来画画的。

宋词里有这样一句："红了樱桃，绿了芭蕉。"你瞧，青涩的樱桃一天一天地改变，渐渐红艳欲滴，好像攒在一起的宝石；芭蕉叶子也一天一天地张开，就像一只只挥舞的手掌，逐渐浓绿醉人。

这八个字，不仅是画，而且是动画！

有些词，是天生不具备画面感的，最好不用或者少用。比如："各种""每个""很多""到处"……

"到处都是很多的各种人……"

看到上面的句子，你眼前能出现什么样的画面？什么也没有，只有头晕眼花。

三、不会写科幻故事，怎么写未来的世界

未来的世界会越来越好么？谁都希望如此，但科幻作品不是这么看的。

铭铭说："我想写未来有智能机器人，帮人做家务，做工，甚至成为家庭一员……"

我说："电影《人工智能》中，2050年，有个机器人小孩，聪明又懂事，但后来用不上他了，被扔到回收机器人的垃圾场，那里有好多被遗弃的机器人，后来发生了机器人暴动……还有个电影，机器人智商特别高，模仿人犯罪；还有个电影，机器人比人类聪明，给人做大脑手术，把人变成机器人……"

铭铭被这情景吓到了。

依依说："那我写未来研制了药物，可以延缓衰老，消灭癌症，每个人都可以活两百多岁。"

我说："有个电影叫《我不能死》，说的是2274年，人

人都不死，结果地球上人太多了，于是电脑程序设定维持人口平衡，每个人都只能活到三十岁，死了一个人才能出生一个人，年轻人都要去残酷竞争，看谁能通过考验……”

依依也被吓到了，神情恍惚，大概担心自己到时候能不能逃生。

文文说：“未来地球会完蛋，我们可以去外太空，在那里建立基地。”

我说：“有部电影讲的是2154年，地球人派部队到潘多拉星球采矿，被外星人骑着大鸟打得丢盔弃甲，最后狼狈地返回地球。”

文文倒没有被吓到，他表示看过，是电影《阿凡达》。

铭铭问：“那我写克隆技术呢，克隆一个新的我自己？”

我说：“电影《逃出克隆岛》里，那些克隆人发现被控制了，人类制造克隆人的目的是取健康新鲜的器官，于是克隆人就开始逃亡，最后也分不清谁是人类，谁是克隆人……”

铭铭说：“啊啊……那我不要克隆人了。”

这么看来，科学幻想的文学作品，不是给未来唱颂歌，而是给未来唱反调，专门来唱衰的：

外星撞地球，一片火海；机器人不受控制，甚至杀害主人；恐龙复活，满世界乱跑；人猿智商超群，追杀人类；异形人死而复生，永远打不死；外星部队大规模入侵地球；人类争夺水资源，爆发沙丘战争；人类移民火星，新鲜空气变成稀缺商品；大陆沉没，人类只能生活在海底城市。太阳衰竭，要向它发射核能；地球正在被吸入宇宙黑洞；人类分化，一部分进化，一部分退化，互为对方的食物……

为什么科幻作品要这么扫兴呢？可能是因为科学负责“创新”，而文学负责“担心”吧。文学作品可贵的正是忧患意识，是预测科技高度发展、物质高度文明之后，可能出现的一系列副作用。

我看过《人类消失后的世界》（美国历史频道制作，网上可搜索），这个短片更狠：“你好，欢迎来到人口为零的地球……”全片以纪录片的形式，模拟未来：假如人类消失后，第一天是什么情景，第一周是什么情景，一直到人类消失一万年之后的景象。

未来的世界，并不是悲观绝望的。我只是希望孩子们有关未来的想象，不仅仅是科技崇拜，也能带一点人文关怀，有一点忧患意识。

以下就是其中一篇作文。

地球的最后一只小鸟

我是一只经历过灾难的小鸟。

还记得那一天——世界末日。人们拼命地逃跑，我亲眼看见地球上最后一个人，被灰尘淹没。我也带着鸟类四处逃散，很多鸟就在找到一棵树之前落在火海里了。到最后，存活下来的，只有最后几只动物。我们互相诉说着自己的经历，我们能活下来，是我们的幸运。

现在，我开始怀念起那片生活过的树林了：

那时，天空非常蓝，像大海一样，万里无云。空气里有薄荷味。树上的叶子很茂密，森林里热闹得像大街一样。我们这些小动物们在快乐地嬉戏。可自从人来了，就开始大量砍伐树木，猎人还经常打死我的同伴当食物吃；还扑捉我们陪人类玩……

说着，我的眼睛里就流出一滴眼泪，这滴泪落在地上，砸开一个小小的坑，一棵植物的种子努力地伸出头来……太好了，还有植物活着！它发出绿芽。我们快乐地飞呀飞呀，把种子衔到各地，就这样，没过多久，我们飞过的地球，就慢慢变成一片片小树林了。

太好啦，地球又有希望了！

作者为襄阳市新华路小学易享哲（四年级）

划重点：描绘未有的画面

有一次，我出了一个作文题目："风"。

依依就提笔写了："风有很多种……春天的风温暖，夏天的风热烈，秋天的风清凉，冬天的风则送来了皑皑白雪。除了自然界的风，还有社会上的风，每个时代，风气都不相同……"

依依自己很沮丧，因为写了几段，就无法写下去了。

我说："这是因为你写风的时候，脑子里是没有画面的。你写的文字也没有画面感。"

她说："那怎样才能有画面感呢？风是怎样的画面？"

我说："我也不是很清楚，我想画面就在你脑子里。你可以闭上眼睛，屏神静气，呼唤风过来，慢慢就有一些画面来到你的眼前了。最后，你的想象力会打开，去到一个你未曾见过，却如在眼前的地方……"

依依想了一下，又重新开头写作文了。

我闭上眼睛，仿佛看见自己的身体变得轻盈了，化成一道风。我插上了想象的翅膀，去看春天的小草，去听仲夏的雨，在秋叶飘零的时候，去听大地诉说自己的往事，更喜欢在冬雪弥漫的时刻，去拥抱一个温暖火炉，听老爷爷讲一个久远的童话……

于是在童话中，我又仿佛回到了前世：我是风，翱翔在快乐的碧空，掠过幸福的山野，在海洋上驰骋，不管前方有什么阻碍，我都不会停止自己的前行。除非星散了，太阳东升，便躲在云里晒着暖暖阳光做一个关于未来的梦。

最后她写道：

我一定是一道风，因为我喜欢自由，向往无拘无束的生活。

写得是不是非常棒？依依不再无话可说，因为她已经把画面感召唤过来了。画面层出，一幅一幅，帮作者彻底打开了一个活灵活现的世界。

高级的画面感，不仅是描绘现有的画面；更应该将一个未有的画面，描绘得如在眼前。

四、多年后，你和故乡是什么样？

有个传统老题，叫《二十年后回故乡》，铭铭表示已经构思好了，我说："那好，就写吧。"

写出来的作文，大致是这样的：

> 二十年后，我已经当上了美国总统。有一天，我突然收到一封信，叫我回故乡参观。我迫不及待地登上飞机。一下飞机，哇塞！简直不敢相信自己的眼睛，破房矮屋全都不见了，眼前耸立着一排排摩天大厦，马路上奔跑着数不清的豪华汽车，我的家乡大变样了……

我想说："同学，敢想是好的，但是，二十年后你多大？不到三十岁。当上美国总统的可能性有多少？再说，您都是总统了，不会是没见过世面的样子，一惊一乍的吧？再说，二十年间，资讯应该很发达了，您热爱故乡，上网看看，也不至于对故乡什么也不了解吧？要是这样，还算是对故乡有感情么？”

这样看来，这个题目并不是一通“衣锦还乡”的狂想。可以看出学生对自己的未来是否好好想过；对身处的城镇或乡村的未来，是否真的有过思考。

我问铭铭：“你最喜欢什么？擅长什么？”

他说：“我喜欢打篮球，那写我二十年后，成了篮球运动员，回来打球？”

我说：“篮球明星固然好，但是也不能在街道上跑着打篮球呀，视线受限。你还擅长什么？”

他说：“我在学校运动会上跑步得过冠军，我还可以当马拉松运动员。”

我说：“哎，这个好。二十年后，你已经是国际马拉松冠军。我知道马拉松比赛都是选择最能展示城市形象、风光最美丽的线路。”

他马上行动起来，上网搜了本地的地图，我帮忙打印出来，让他在地图上设计一条二十年后的马拉松线路。

设想一下，二十年后，国际马拉松比赛进入倒计时，你站在出发地——曾有千军万马征战的古襄阳城下，眼前是滚滚汉江，岸边是通衢大道，你不禁涌起壮怀激烈的豪情。一声令下，你一马当先，沿着滨江大道一路飞跑，绿草坪和紫薇花蜿蜒相伴。路边是矗立的高楼，江上是泛舟的人们，清冽的江风让你筋骨舒爽，热情的呐喊让你体会到故乡的热情。你跑过汉江大桥，跑过新兴工业区，跑过风光旖旎的鱼梁洲，跑过孟浩然隐居过的鹿门山，跑过有古老历史遗迹和现代发展活力的城市街道……最后，你看到了诸葛亮广场熠熠闪光的高大铜像，胜利在望了……

铭铭把地图研究过后，说：“我知道怎么写了。”

对于故乡的未来，我不希望学生不着边际、不切实际地瞎想。二十年后并不遥远，故乡的未来就取决于现在的蓝图。

孩子们在写这篇作文之前，都把本地的“城乡规划展示图”研究了一下，感觉故乡的未来特别值得期待，不过很多孩子都对规划图上没有大型的儿童游乐园表示失望。

《二十年后的家乡》其中一篇作文的片段是这样的：

二十年后的某一天，我已是一名空军飞行员。有一天，我接到一个命令，要飞到名叫“襄阳”的地方执行任务……不到三十分钟，我就飞到了襄阳上空，我连忙用高速相机拍摄了很多照片……

回到空军基地，我迫不及待地把这些照片，连成了一幅完整的全景图：古老的城墙在聚光灯的照射下，显得年轻了很多。一江两岸建起了很多崭新的建筑，襄阳花大剧院就像是开在汉江边的红色花朵，它的身后，矗立着双子塔——东津塔和明灯塔，就好像一对孪生兄弟守护着汉江……我把图片放大到一千倍，发现了一个熟悉的身影。咦，那不是我的同学吗？他现在是一位交警，正在车水马龙的街道上指挥交通。

二十年过去了，我们都长大了……

划重点：独特的个人体验就是作品的价值

学年结束，我让孩子们挑选自己写得好的作文。结果，孩子自己挑选的和我挑选的总是有些不同。有个孩子，选了六篇，跟我的选择完全不一样。他选的是《晚霞》《春》《故乡的雪》《中秋月圆》《山水乐》《秋天的韵律》。

我说："怎么都是写景的？"

他说："我觉得这几篇文笔好一点，不丢人。"

我说："我记得你有一篇写自己从小到大好几次死里逃生，怎么没有选？"

他说："老师你怎么会看重那个？那个好无聊啊。"

我觉得把秋天写来写去才无聊呢。就算文笔再优美，还能美到哪里去？古今中外已经有那么多写秋的名篇，你能拼得过？

而“死里逃生”那篇呢，我却觉得很有意思。他写到自己小时候调皮，在农村简易粪坑的踏板上跳，掉进去差点溺死；长大一点在火车道上玩，差点被撞死；好好地在路上走着，突然面前掉下来一块玻璃，差几公分就要了命；还有贪吃，误吃了毒老鼠的毒饵，好不容易捡回一条命……别看年龄不大，活得饱经沧桑。

任何一个平凡的人，都是千难万险长大的，所以得珍惜生命——这题材多有意义，多么正能量。

很多孩子在“写什么”的问题上缺乏判断力，不知道题材的真正价值是什么，一是因为对生活的认识比较浅，提炼不出来；二是没有开拓题材的自信，宁愿在别人写熟的内容上打转，打磨，好像这样更保险些。

当然，作品题材的价值是很复杂的，跟事情的大小并不对等——鸡毛蒜皮可能比宏大事件写出来更有价值，全新题材未必比陈年旧事更有价值。

对于学生来说，如果有某个经历始终在召唤你写出来，而你并没有看见别人写过，或者像你这样写过，那你大可不必丧失信心。作文对新鲜热辣的内容，还不能说百无禁忌，但时时刻刻翘首以盼。

如果你有独特的个人经历和体验——题材本身就是作品的最大价值；老老实实、认认真真地叙述这个经历，就是最好的文笔。

五、向一棵树学习，和一棵树谈心

这一课要写树。

树除了奉献——奉献出果实、绿荫、美好的形象、建筑材料、铅笔木筷之外，还有什么可写、可赞的吗？

当然还有很多。我说："你们还记得电影《阿凡达》中有一棵树吗？女主角有什么烦难，就去找树倾诉，如果树被连根拔起，那么潘多拉星球人的家园、生命，还有灵魂寄托就都没有了。中国的传说中也有同样的例子，比如七仙女和董永，他们去找谁证婚呢？"

铭铭说："柳树婆婆。"

我说："可见树是有灵性的，它沙沙响的声音，说不定是在交谈，只不过我们还不能破译树在说什么而已。"

依依说："如果有什么秘密，不能跟人说，就可以对着一个树洞说给树听。如果怕别人知道，还可以用一把草，或者一团泥巴，把树洞封上。"

如果有来生，
我愿做一棵树，
站成永恒，
没有悲欢的姿势，
一半在尘土里安详，
一半在风景里飞扬；
一半洒落阴凉，
一半沐浴阳光。

这是台湾作家三毛的一首诗。

“即便世界明天就要毁灭，我仍然要种下一棵小苹果树。”这是欧洲宗教改革倡导者马丁·路德的一句名言。

如果说作文有什么永恒的题材，那么“树”算其中一个。鲁迅笔下有“一株是枣树，还有一株也是枣树”；茅盾笔下有“白杨树”，贾平凹笔下有“我的小桃树”……著名作家很少有人从不提及树、从不关心树。获诺贝尔文学奖的赫尔曼·黑塞在《树木》中说：“再没有比一棵美的、粗大的树更神圣、更堪称楷模的了。”

这些诗文，我都精选和压缩了一下，印发给孩子们看。

我手头有一幅图片很有意思，是国内美术学院学生的创意。他们突发奇想，把很多画笔绑在垂下来的柳条上，地上铺上画板，清风一吹动，柳条就像被很多柔软的小手控制，在画板上自动地作画。画出来的线条像当代艺术，满纸涂鸦，但也饶有趣味。

文文看了很感兴趣，说："等春天来了，我也要试试，让柳树给我画一幅画。"

我手头还有一幅图片，是国外的一个设计：一个坛子，装有树种。把坛子半埋在土里，上半部分是不会腐烂的瓷器，铭刻有字；下半部分是软木，可以慢慢降解于土中。一年之后，从瓷坛口，会慢慢长出一棵树……

铭铭看懂了，说："这个是骨灰坛，就是树葬。"

依依说："哎，三毛要是选择这种方式，那她的愿望就实现了。来生真的变成一棵树了——一半在尘土里安详，一半在风景里飞扬。"

我真没想到孩子能说出这样的话。我对依依说："你联想得可以啊。"其实我内心对她的表扬，是远远大过言辞的。

说到这个程度，我觉得学生对树已经理解得很深刻了。下面是其中一篇作文。

听树

有人说，人是一棵走动的树。在我看来，树是有思维，也有感觉的。

对同学、老师、爸爸、妈妈都不会说出的话，可以说给树洞听，如果，你怕树把这件事告诉别人。那我要告诉你：你放心吧，树是人最忠诚的朋友，它一定会保守好秘密的。

有时候，你还可以让树帮你解答一个个你解答不出来的问题。把耳朵靠在树洞边上听听树说的话，听听她讲讲自己的经历，或她看见的好玩的事。

比如，我想听听关于树的这些事。我会问她："你是从哪儿来的？"起初，我只听见沙沙的声响。我想："听树说话这件事是假的吧？"但我一下想出了原因，因为树在树界说的是树语，她听得懂我说的话，可我听不懂她说的话。后来，我听说树有灵性，树的精灵住在里面，只有不摘花，不砍树，爱好种花、种树的人才有可能听懂她的话。我听懂了她说的话，她说："我本来是在汉江边的一棵树籽，我在那儿待了好几年，我以为我这一生都会待在那里了，可没想到，一天，一只小鸟带我离开了那里，飞到了这里。"

我特别开心，因为我听懂了树的话语，从此，我们变成了无话不谈的好朋友。

来生我想化作一棵树，永远陪着我的朋友，让我们的叶子在风中传递暗号，沙沙作响。

作者为襄阳市新华路小学郑万俊（三年级）

划重点："感人"不需要把人搞吐

有一次考语文，交卷结束，我听见学生们在走廊上议论："哎呀！我作文写得肯定感人，都快把自己写吐了。"另一个说："为什么呀？"答："瞎编呗。"其他学生说："我也是。"

"感人"必须胡乱煽情，把自己和别人搞吐？当然不是。

每当看到"感人"的小短片，我都会马上给孩子们放。一是因为我自己"燃情"点很高，不容易被感动，怕学生情感方面残缺；二是因为人的情绪点有很强的时效性，以前看了流泪的，现在看了要吐，这种情况常常有。

早年，有个泰国的广告短片 *You Can Shine*（《你也能闪亮》)，讲一个贫穷耳聋的女孩学琴的故事。她虽然被歧视，但最终在音乐中找到力量，琴声飞扬，长发飞舞……孩子们看哭了之后，发现这是一支洗发水广告。

直到现在，泰国的“催泪”“感人”广告依然质量颇高，随便输入关键词搜一下，基本上是集团式、规模式地弹到眼前；中国台湾的“催泪”广告也非常多，经典的如《母亲的勇气》《人为什么活着》等，都是根据真人真事改编的。

学生看得多了，也大致摸出了一些门道。

文文说：“他们都惨，如果是富人的事，我就不会感动到哭。”

依依说：“他们都得了这样那样的病。”

铭铭说：“有的快死了。”

文文说：“有的已经不在了。”

虽说很多感人的“泪点”广告，要依靠“贫穷”“疾病”“死亡”等元素，似乎有一些套路，但孩子们还是一次又一次被感动。

我说：“有套路不是问题，每个人都不能保证自己永远不穷，永远不病，永远不死。关键是，当这些降临的时候，要奋勇生活。”——这才是真正感人的。

看过的广告，特别是公益广告，有的文案特别好，我积累到一张 A4 纸的篇幅，就打印出来发给学生。他们写作文的时候，也能画龙点睛一下。

六、写写自己想象的生物

《西游记》中，唐僧一行人走到万寿山五庄观，见到一棵灵树："三千年一开花，三千年一结果，再三千年才得熟。"树上结着形似婴儿的白胖果实，叫作人参果。闻一闻能活三百六十岁，吃一个能活四万七千年……

这种果子哪里去寻呢？当然是古人的想象。

龙是什么样子？是古人想象出的样子；凤是什么样子？也是古人想象出的样子。单说龙吧，古人综合了很多动物的特征，创造出"头似驼，角似鹿，眼似兔，耳似牛，项似蛇，腹似蜃，鳞似鲤，爪似鹰，掌似虎"的龙的形象。不仅如此，还给龙设置了九个儿子，其中的五子饕餮和九子貔貅比较知名。

说到这儿，依依说："妈妈就给我买了一个貔貅。"

我一看，正是，还挂在她脖子上呢。

我说："古代的人想象力真丰富，他们还想象出了什么动物或植物呢？”

沉寂了一会儿，铭铭说：“精卫鸟算不算？”

我觉得可以算。精卫鸟是炎帝的女儿死后所变，是想象的生物；但也可以不算，据说古代有这种专门往海里丢草棍的鸟（古盗鸟，喜欢破坏情敌的鸟巢），现在绝迹了。

又沉寂了一会儿，依依说：“美人鱼算不算？”

我觉得可以算：“中国古代也有美人鱼，就是传说中的‘鲛人’。她整日在海底哭泣，眼泪化为珍珠；又因为擦拭眼泪的需要，每天在海底织手帕。鲛人不停地流泪，不停地织手帕，一直轮回，现在应该还在海底，没有解脱……”

文文问：“九尾狐算不算……”

说到九尾狐，孩子们竟然打开了话匣子，兴奋得不得了。原来这唤起了他们的联想：在网络游戏中，有个神兽、魔兽、怪兽系统……那些传说中的动物、想象中的生物，不仅有名字，还有了具体形象，有鼻子有眼，有胳膊有腿，还有一日千里、喷火吸水等超能力，是人的坐骑、宠物和战斗伙伴。

我想了想，觉得游戏中的怪兽仅仅可以参考，因为那已经是别人想象出来的，而且功能单一，就是战斗。我说：“其实我们还可以自己创造一种生物。比如说，我就想过有一种‘屋龟’，是巨型的乌龟，身长十米，长到一定的时候，就把壳脱掉，给人当屋子，它再长出新的屋龟壳。我还想过一种云彩马，人走不动的时候，就喊它下来，骑着走……”

依依问：“真的有这种马吗？”

文文说：“当然没有了。这是想象出来的。”

铭铭说：“那我想到一个，霸王西红柿，每一个都有篮球那么大，买一个就可以吃一个星期……”

依依说：“那我也想到一个！”

她写的是：

我有一个瞌睡虫，上课的时候，我带着它。它会先观察，哪些同学在睡觉，然后就跳到那个睡觉的人身上，吸走他的瞌睡。那个人就会立刻清醒，不犯困了。

吸走的瞌睡，储存在虫虫体内。如果吸得太多了，它变胖了，就会去寻找失眠的人，咬他一下，把瞌睡注入到他的体内，那个失眠的人，就会进入甜蜜的梦乡。

划重点：布置作文题，要记得它是双胞胎

每年的寒暑假过后，我都担心学生们要写“一个有趣的寒假”“快乐的春节”……

作为命题人，不能默认现实永远对任何人都是美好的：寒假一定有趣，春节一定快乐。那么，有个很好解决的办法，布置作文的时候，一定不要忘了，以上这些作文题目都有一个隐身的双胞胎，分别叫“我理想中的有趣的寒假”和“我心目中快乐的春节”。

也就是说，布置作文题目，要尽可能同时布置两个：一个现实版的，一个理想版的。

比如说吧，题目是“我的课余生活”。学生可能会说：“课余就是做作业，我哪有什么课余生活？没什么可写的。”那么好吧，这个现实版题目还应该有个对应的理想版——“我理想的课余生活”，那就不愁没的写了。

我理想中的课余生活是这样的：天不像教室的天花板那么低；地不像家里的地板那么窄。我奔走在辽阔的大地上，可以和鸟儿打招呼，可以看小河解冻后欢畅游泳的小鱼，可以在草地上打滚，摘一枝蒲公英，

看它们轻盈地飞向远方。

我理想的课余生活是这样的：可以背起画板，提起久违的画笔，画一匹奔腾的骏马，画一只大鹏凌空飞翔，那也是我对自己的期望。

我理想中的课余生活是多么欢快，多么自由，每一刻都散发出七彩光芒……

人容易被平庸和丑陋的现实拘束，但所幸现实还有个美丽的双胞胎叫“理想”，理想总是能在作文中打败现实，把迟滞的思路牵引出来，越飞越远，越飞越自由，文笔也越来越舒展，越来越有美感。

所以，出题者在命题时，就应当考虑到“有现实经历”和“无现实经历”的两类学生。

比如，题目是“我拥有的一个好习惯”。有的学生会说：“我没有好习惯。”那好吧，可以写另一个题目“我最想拥有的一个好习惯”。

题目是“一节有趣的班会课”。有的学生说：“没有一节班会课是有趣的。”那好吧，可以写另一个题目“我设计的有趣的班会课”。

题目是“美丽的家乡”。有的学生说：“我的家乡不怎么美丽。”那好吧，可以写“我心目中美丽的家乡”。

题目是“我看过的风景”。有的学生说：“我哪儿也没去过。”那好吧，可以写“我最想看到的风景”。无论是北极冰山，还是热带沙滩，你都可以在作文里尽情地畅想畅游。

一个个被“现实版”挫败的灵感，就这样被“理想版”唤醒了。

七、当……遇到……会发生什么

有幅漫画叫《最不可思议的车祸》，画面上驯鹿车和飞碟撞在一起，满地狼藉。圣诞老人正在向警察申诉，而外星人则是肇事司机，正在被警察扣押……

当我们的视野甚至脚步越来越多地来到太空，就发现那里越来越拥挤。人类的各类航天器、外星人的各种飞车、大小天神的各类座驾，挤挤挨挨、熙熙攘攘、纷纷扰扰，

就像拥堵的二环路一样，发生不可思议的故事是完全可能的。

早在1969年，美国首度登月的时候，就有一段有趣的对话录音。休斯敦地面指挥中心的工作人员对宇航员说："注意一个带着大兔子的可爱姑娘。古老传说中，叫嫦娥的中国美女已在那里住了四千年……"宇航员答："我们会密切关注。"

后续故事没有了，宇航员应该没有见到嫦娥姑娘。但人类并没有放弃寻找，或者说，就算科技再发达，人类也没有放弃与嫦娥美妙的相会；就算与传说隔了几千年，中国的航天器玉兔还是要飞上月亮。

由此，我想到一个作文题目："当……遇到……"。比如"当宇航员遇到嫦娥""当玉兔号遇到玉兔"……当两种以上貌似不可能相遇又注定相遇的事物相遇，会发生什么？这话听起来像绕口令，不知道小孩子能不能理解。

依依说："我能不能写当喜鹊遇到寒号鸟？"

文文抢着说："我知道我知道，你要写喜鹊勤劳，寒号鸟懒惰，最后寒号鸟冻死了。"

依依不好意思地笑了，这个故事在课本上出现过。

铭铭说："我能不能写当钻石遇到石头？"

文文又抢着说："我知道我知道！你要写钻石遇到石头，

嫌石头不好看，最后一场大火，钻石烧成碳，石头还是石头，钻石死之前说：‘千万不能爱虚荣啊！’”

铭铭不好意思地笑了，承认这是他在作业练习上看过的小故事。

这下气氛有点僵了。我赶快勉为其难地想了一个构思，也不怕文文嘲笑了：“那也可以写童话故事。当白雪公主遇到长发公主，当丑小鸭遇到青蛙王子……”

铭铭说：“那我可以写当蜘蛛侠遇到蝙蝠侠，当孙悟空遇到擎天柱……”

我问文文：“你想写什么？是不是已经有构思了？”

文文说：“我写当诸葛亮遇到乔布斯。诸葛亮神机妙算，乔布斯手拿苹果手机，他们在战场上遇到了……”

下面就是这次练习的其中一篇。

当女娲遇到上帝

盘古还没有开天辟地的时候，女娲在混沌中修炼，所以是人首蛇身。修炼成功的女娲现身了，她有无穷的法力，能把土捏成人、动物，给他们以生命。她能把地球翻个面，还可以修复一切坏掉的东西，包括天幕。

有一天，女娲正在造人，遇到了一个头顶光环，长着巨大翅膀的男子，这个男子名叫“上帝”，有着和她一样的能力，他还创造了星期。他在星期天到处闲逛，遇到了女娲。

两人一见，先是一愣，都没有想到这世界上还有同行，对视了几分钟之后，好胜心占据了心房，熊熊的怒火从双方的眼睛里喷出。

上帝先发话了："你侵犯了我的专利权，我要和你比一比，看谁创造的人类更完美！"这话正中女娲的心坎，她巴不得打败这个同行，于是接下了上帝这个口头宣战。

他们都开始造人了，上帝创造的这个人，有着强壮的体魄、白净的容貌、无与伦比的智慧，几乎接近完美，上帝把他安置在伊甸园里，让他过着最幸福的生活。

再把镜头转向女娲，她造的人，有天生的巨力，无敌的武功，坚定的信念，女娲把他安置在普通的农户中，让他杀生成王。

女娲造的人，在人间经过上百次激战，最终被擒，被天火烧死在一根柱子上；而上帝造的人，贪图享乐，最终偷吃禁果，被驱逐出伊甸园。

……

女娲和上帝，都觉得自己造错了人，赶紧重新造……经过了一万年的造人活动，到现在，也没有分出胜负，谁也没有造出完美的人。

作者为襄阳市新华路小学叶文斌（五年级）

划重点：作文也需要节奏感

有一个话题，我没有听到语文老师讨论和讲授过，因为它听上去太深奥，太玄妙了——这就是作文的节奏感。

你一定听说过唱歌有节奏感：舒缓的、急切的、摇滚呐喊的、蓝调自由的、低回絮语的……跳舞有节奏感：蹦嚓嚓，一二三，进退进……其实，节奏感无所不在：大自然的鸟鸣风噪、雨潺雷暴、潮起潮落，都是有节奏的。一个人吃饭、走路也有自己的节奏，有的人慢，有的人快。就连笑和哭，也是有节奏感的。

比如哭的节奏吧，我可以这样形容："先是发出低低的、嘤嘤的声音，压抑着，压抑着。接着，哀凄的哭声越来越大，越来越响，终于控制不住，爆发出来。哭声扶摇直上，在半空绕了几匝，一波未平，一波又起。终于，哭声小了，被克制着，收回了体内，但终究还是发出抽泣的声音，断断续续。最后，戛然而止。"

哭得是不是很有层次，很有技巧，很有讲究，很有节奏？

作文的节奏感，你说它是高妙的技能也可以，你说它是基本的能力也可以。就像一个人吃饭的节奏快了有可能被噎死一样，一个人写作的节奏感差，其实也让读者有不如去死的感觉。比如读这一段:“春来了，花草的生命充分表现在那嫩绿的枝叶和迷乱的红云般的花枝上，人的青春也有那可爱的玉般肢体和那苹果似的双颊呈现……”词都是好词，但读起来让人万分难受，气都喘不上来。

反之，朱自清的散文《春》是这样开头的:“盼望着，盼望着，东风来了，春天的脚步近了。一切都像刚睡醒的样子，欣欣然张开了眼。山朗润起来了，水涨起来了，太阳的脸红起来了……”俨然一首春之曲的开头，短句形成了轻快感，特别是“盼望着，盼望着”的重复，像心跳、脚步、水滴、冰裂、植物拔节……总之都是让人期待和愉悦的重复节奏。

怎么培养作文的节奏感呢?老实说，就像有的人无论怎么训练唱歌，他依然要跑调，而且浑然不觉，不亦乐乎。写作的节奏感大约也是天生的。年仅七岁的孩子，写《笑》的作文,是这样开头的:“在大自然里,风是笑的创造者。看，那风开始对柳树施魔法了;听，那柳树开始手舞足蹈起来。沙沙沙……柳树笑了。”(作者:秦菡希)骈句和散句、长句和短句的配合，并没有人教给她，但她运用和控制得非常好，这就是节奏感强。

当然，基本的节奏意识也是可以培养的，比如有位同学参加作文比赛，改写《夸父逐日》:

夸父迈开两条长腿，起身追赶太阳了，太阳就像穿上了风火轮一样，速度快得不是人力可以追上的，但夸父仍然拼尽全力追赶着，眼看就要追上了，但太阳喷射出的炽热火焰把夸父烤得口干舌燥。他一口气喝干了黄河水和渭水，还是焦渴而死。

写得如何呢？我觉得节奏感是不对的。

我对他说："你能不能让夸父跑快一点，死慢一点啊？你看电影里英雄人物的死，不都是用慢镜头体现的吗？"

他想想，也对，就改成这样：

夸父起身去追赶太阳，那太阳，急忙向西天逃去，飞快地，就像两只风火轮。夸父跑着，追着，快了，近了，就快追上了！突然，太阳放出炽热的火焰，向夸父喷射而去！

这是加快的节奏，增加紧迫感。

路过大泽的时候，夸父刚要喝水，就感到无比疲惫。夸父的呼吸紊乱起来，心跳也忽快忽慢，最后瞬间停止，他的眼睛失去了光芒，渐渐闭上，在倒下的那一刻，他奋力掷出手杖，那最后的手杖直插进土里，渐渐地长出了一些枝条，枝条上长出了绿叶。一棵，两棵……迅速地繁衍，大地上一片桃红柳绿……

这是放慢的节奏，增加抒情性，往赞美诗上靠拢。

八、没有写过诗，怎么当小学生诗人

文文问：“写风的诗歌，要怎么写啊？”

小学生都要写诗了？这么高大上？我看了一眼，原来是课后练习，要求顺着叶圣陶的《风》续写。

原诗的开头是：

谁也没有看见过风，
不用说我和你了。
但是树叶颤动的时候，
我们知道风在那儿了。

我说：“这首诗我知道，当年有个小朋友续写了一段。”这个小朋友叫王子乔，他是这样写的：

谁也没有看见过风，

不用说我和你了。

但是纸币在飘的时候，

我们知道，

风在算钱。

文文看了，不觉得好："他写得不对，钱是人的，可能是人丢在风里的，钱不是风的。"

我又说："当时这个小朋友只有六岁，当年这首诗发表在某本杂志的创刊号上，还得了两千五百元稿费"。文文没有被诗说服，转而被钱说服了。表示诗歌没什么了不起，他也能写！

说起少年儿童写出"孤篇横绝"、天下传诵的诗，古有骆宾王的《咏鹅》，当代也是层出不穷的。我给孩子们看了一些"前辈"的诗歌：

《致老鼠》："我喜欢你们——一双机灵的眼睛，粉红的耳朵。虽然爱做坏事，可我还是喜欢你们。如果我到了你们的王国，一定要你们洗脸、洗手、洗澡、刷牙。还要教你们自己劳动，做事不要偷偷摸摸。我还要给你们介绍个朋友——它的名字叫猫。"（作者：阎妮 七岁）

《种太阳》："我有一个美丽的愿望，长大以后能播种太阳……"（作者：李冰雪 十岁）

最近引起关注的是《夏天到了，春天还没来》："冷风就这样走俏了 / 就这样被空调电扇垄断了 / 就这样又十分怀念你轻摇的蒲扇 / 又十分怀念那些冰雪的微笑 / 知了就这样闹起来了 / 风就这样冻起来了 / 附和你的风热了 / 反对你的风没了 / 你就这样 / 我就这样 / 你就这样出人意料地来了。"（作者：王芗远 十二岁）

都说"孩子是天生的诗人"，这句话是对的。

只要布置孩子写诗，他们没有不叫苦、不叫难的；但凡写出来，让人没有不叫好、不叫绝的。换句话说，孩子们写之前，都认为"这不可能"；写之后，也认为"这不可能"。只不过是截然相反的意思：前者是怀疑，后者是赞叹。

孩子写不出作文，那不妨让他们写点诗吧，兴许能写得又快又好。

怎么教孩子写诗呢？我觉得不用教，教出来的诗就呆气傻气了。只需要给孩子读一点特别"像诗歌"的诗歌，稍微讨论一下，喜欢哪首，不喜欢哪首。孩子们很快就来灵感，能写诗了。

我教过的学作文的孩子，每人都写过一首或几首诗。比如：

影子花

我在窗子上发现了一朵特别的花，
怀着好奇心摘下了它。
这是一朵薄如蝉翼的透明花。
“把我的影子还给我呀！”
“把影子还给我，还给我呀！”

树抽泣着，
我没有理会树说的话，把影子花放在枕下睡着了。
第二天，
树枯萎了，
只剩下我枕下孤零零的树影子。

作者为襄阳市新华路小学代巧（三年级）

梦

卖火柴的小女孩被皇后陷害
白雪公主在街头冻死
一个丑陋的皇帝变成白天鹅
虚荣的鸭子换上了新装
美人鱼踏上迷幻森林
小红帽登上陆地找爱人
安徒生爷爷在梦里给我讲奇怪的故事。

叮铃铃

他被吓跑了

迎接我的是他还没有讲到的太阳。

作者为襄阳市新华路小学郑岩康（四年级）

划重点：读一些像诗歌的诗歌

世上有海量的诗歌，找一些适合儿童的、像诗歌的诗歌，却不容易。我在搜集时发现了日本诗人金子美铃。当时还没有她的中文译本出版，我自己手抄了一些，集中在一个笔记本上，又贴了一些小贴纸，看上去就是一册小小的诗集。

我去过金子美铃的故乡——面朝日本海的美丽寂寥的地方，所以我有一点能力多介绍一下作者。孩子们听闻这位二十六岁自杀的女诗人留下了五百一十二首儿童诗，心生好奇，也想看看。我选出十几首，印给孩子们读。

现在金子美铃的诗歌已有多种中文译本。

还有《给孩子的诗》（北岛 / 主编）、《孩子们的诗》（果麦 / 编）等书，如果想让孩子们读一些“像诗歌”的诗歌，是可以满足的了。

什么是“像诗歌”的诗歌？

很多“诗”也押韵，也分行，也激情澎湃“啊——”，外表很像很像诗，可它就不是诗。所以，在诗歌起步时，读一些像诗歌的诗歌，那么，孩子们对于“诗是什么”也不至于理解得太偏。

有些人担心，孩子小时候写诗，长大了人生会出问题。

这个担心没道理。

前面提到的几位少年儿童诗人，写《致老鼠》的阎妮和写《种太阳》的李冰雪，都已进入中年。一个后来去国外求学，依然从事写作；一个留在家乡，从事和文化相关的工作。《风》的作者王子乔，随后去了美国读小学，九岁有译著出版。《夏天到了，春天还没来》的作者王芗远，各科成绩均衡，考入北京大学。

所以说，不必用“写不写诗”来推断孩子的未来。

七岁就写出一鸣惊人的诗，长大了不一定成为李白；也不一定越写越差，泯然众人，成了方仲永；不一定发财，也不一定讨饭……

少年儿童写诗，成年后各走各路，绝大部分都是正常发展的。

对于儿童写诗，我一般是尝试一两次，并不大力鼓励，大力练习。一是因为“诗有别才”，并非人人都能当诗人；二是因为考试作文要求学生写“除诗歌外”的文体。

九、没有“人标”，怎么写“我敬佩的人”

铭铭说：“我敬佩姚明！”

我说：“那好，你写吧。”

他写的是：“我敬佩姚明，他从小打篮球比所有人都打得好，后来到美国打球。在奥运会上，他虽然脚受了伤，但还是努力尝试参赛，不过最后退出了比赛。虽然他没有获得冠军，但是他创造的辉煌，永远在我心中。”

我说：“你这写的谁啊？也不像刘翔啊……你应该接着写他以百米冲刺的速度，抓起撑杆，飞到半空；再来几个漂亮的三百六十度旋转，跳进泳池；再挥动双臂，像快艇一样游向终点……”

他笑起来，承认自己对姚明没有很多了解，对其他奥运冠军也半生不熟。

于是重新写过，每写几句就要问“姚明有多高啊”，我说了姚明的身高。铭铭接着写，又问：“他到美国打了几年球啊？”“得过冠军没？”“哪一年退役的啊？”……

我说这位小朋友，你是真的敬佩姚明吗？为什么对自己的偶像一无所知？

“我敬佩的人”——我简称为“人标”，虽然有的孩子想写“班上的孙小小”“家里的大舅舅”“路上的老爷爷”……但我觉得既然是“人”,范围就是古今中外的人，而不是视野所及的熟人。

有一幅画《与但丁讨论神曲》，我觉得很有意思。原画长六米,宽二点六米,是巨幅油画。上面画了一百零三人(其中三人是画家自己)。不论古代现代，不管中国外国，不分好人坏人，不管活人死人，画中人物密密麻麻、挤挤挨挨地在一起，聊天的、喝酒的、打牌的、发呆的……好像把天堂、地狱和人间的大门都打开了,放出了古往今来的名人，让他们在一起聚会，聚会名称是“影响世界的一百人”。

我让孩子们在画面里找找，有没有他们熟知的人；这些熟知的人中，有没有敬佩的人。孩子们踊跃地辨认画中的人。

依依叫道：“还有容嬷嬷！”

文文笑她：“什么容嬷嬷呀！那是慈禧太后！”

慈禧太后应该不算“可敬佩的人”吧？孩子们还勾掉了画中的希特勒等“坏人”，还有梦露这样一些他们不感兴趣的人。

铭铭叫道："怎么还有个小孩！"那是秀兰·邓波儿，一位美国童星。铭铭问我："小孩也能影响世界？"

我说："对啊！"

辨认的结果还不错。画中的中国人，孩子们基本上都能说出名字："雷锋、关公、秦始皇……"所有孩子都认识李小龙。至于外国人，他们能指出名字的就少多了——不过，所有孩子都认识爱因斯坦，因为教室的墙上刚好挂着一幅他老人家的画像。

在现实生活中找不到"人标"可写的孩子，都在这幅画里找到了他们觉得"可敬佩的人"。

文文说："能不能不写画里头的人？"

我说："当然可以。这幅画是 2009 年完成的，世界变化那么快，这几年的风云人物没有被画进去。再说，这幅画里艺术家占的比例有点高……如果你想往画里添加一个人，你想添谁呢？”

文文说：“我想写乔布斯。”

有人说，三个苹果改变了世界。第一个诱惑了夏娃；第二个砸醒了牛顿；第三个由史蒂夫·乔布斯掌握。乔布斯就是上帝手中的第三个苹果。

结尾部分他是这样写的：

时间定格在2011年10月5日，56岁的乔布斯结束了他短暂又精彩的人生。乔布斯虽然已离去，可他创造的“苹果”却永留人间。乔布斯——一个我敬佩的人！

我觉得每个孩子，最好应当看一部人物传记。如果看书困难，还有大量的名人传记类纪录片、电影等。

人物传记，不只是让人看到主角的一生，还有周围的配角、复杂的时代、错综的人际关系等内容。不仅可以了解传主的光辉和成功，也包括他的失望和失败，寂寞和彷徨，甚至是缺点和污点。看人物传记，不仅是励志，孩子们也会对“人”这个概念有更深刻和多面的认识。

划重点：文学创作应该拜谁为师

对作文学到一定程度的学生，我通常有一个问题：“你有没有喜爱的作家？”

铭铭想了好一会儿，说了个名字，我闻所未闻，赶忙用手机上网查这个名字，看看是何方神圣。结果是一位写得普通、作品散见于网络、未曾结集出版的“作者”——可能连“作家”都算不上。

铭铭又想了一会儿，说了个名字。我再上网查查，原来这位作者的小说在孩子们中广为传播，但属于“非主流”，不会出现在正式出版物上。

课文中有不少名家的作品，但很多学生对作家所知甚少，更谈不上喜爱、无感、反感。

这不怪学生，我们的语文教学不重视介绍作家，因为应试不会对作家的经历考得那么详细，你只要记住“海明威，美国，老人与海”等几个关键词就行。至于他传奇的参战经历、四段婚姻、自杀谜团……都可以一带而过，甚至提也不提。作家对于学生来说，只是个名字，可能连个头像都没有，学生怎么可能选择自己所喜爱的呢？

我自己教书多年后，才敢有点自由——腾出大块的时间介绍作家的自由。一方面是我觉得伟大的作家不只是留下作品，还留下了他的人，二者不可分割；另一方面是我有一点能力去解释别人的人生了。

介绍多了，学生也找到了点规律。我还没有讲到结局，他们就说：“他自杀了？”我说：“没有。”学生又说：“那他发疯了？”——在世俗观念里，作家的人生是不幸的。

对于自杀的作家，比如川端康成，学生常常问：“为什么呀？”

我想了一下，说：“并不是文学让他自杀的。如果没有文学的话，他可能在一事无成中早早就自杀了；是文学让他活了下去，并最终不朽。”

我费时介绍一些作家，是希冀学生能“师出名门”。其实作文的老师，最初是语文老师，最终是文学大师。

这么说吧，真正能教会你写作文的，是某位与你的气场能神秘相通的作家。你能感知他的喜乐哀伤，他的审美也与你的一致，他喜欢的你也喜欢。慢慢地，你就开始接收他传递的那些知识，比如他熟知历史，他对科幻感兴趣，他创造的情节跌宕起伏，他的表达和句式你甚至也能一学就会……你开始模仿和学习他，直到不知不觉中，你觉得自己技艺长进了，继续寻找更厉害的老师。

除非你相信有文曲星下凡这回事，否则文学创作没有“师从”是不可能的。

十、没有写过信，怎么给“不是人的”写封信

我看了部电影，结尾处，剧中人不知为何忽发奇想，要发起一个全国性的“道歉活动”，大街上人人向对方道歉，实在没的可道歉的，就向大自然道歉。于是，剧中人社会责任感附身，大家分头赶赴全国各地。有的来到立交桥上，对太阳说：“太阳，对不起，您老人家还是光芒万丈的，是我们不好，用灰霾遮挡了您……”有的来到山区，对森林说：“森林，对不起，原来您是好大的一片，我们砍啊伐啊，最后您只剩下这一小片了……”有的来到草原，说：“对不起，听说您下面有煤，我们就挖您，把您挖得一个坑又一个坑……”有的来到河边，说：“对不起，把您搞得脏兮兮的……”

这个情节，让我不由得呵呵地笑了，因为唤起了我的记忆。我不能说这电影情节像小学生作文，因为它就是小学生作文。我教的学生早就写过这样的内容，比电影里早，

比电影里真诚，比电影里道歉更全面。

中小学生都会被布置写一篇命题为“给……的一封信”的作文。当然，可以给人写信。但人经常收不到，事实上，有可能根本就没发出去；就算发出去了，收到回信的可能性也比较小。也许，作文中的“给……的一封信”根本就不是用来投到邮筒里的，有的打了个分数，又返还到写信者手上；有的也就“鸿雁一去无消息”。

每当遇到这个题目，我就说：“还不如给‘不是人的’写封信呢！”

给“不是人”的大自然写一封信，比如给太阳啊、月亮啊、冬天啊写一封信；给“不是人”的传说中人写一封信，比如给卖火柴的小女孩啊，给孙悟空啊，给林黛玉啊；或者给已经作古的人写一封信，比如给李白啊，杜甫啊，莎士比亚啊……总之，这封信，它的实际功能就是一种文体，而不是一个投寄的实体。不期望被收信人收到，反而能放

开了写。

依依说：“那我想给海的女儿写封信，那她肯定收不到。”

我说：“史上凡是动人的书信，都有共同的名称，叫‘一封没有发出去的信’，或者‘一封永远也收不到的信’。”她听了，就开开心心地去写了。

下面就是其中一篇作文。

给大自然的一封信

敬爱的大自然母亲：

您好！

我想代表所有的人类跟您说声对不起。因为您原本美丽的一张脸，已经被我们污染得面目全非。

您的脸——我们的大地，本应干净平整。可因我们的恶习——乱丢垃圾，您那原本美丽的脸上长满雀斑，皱纹……对不起！您的头发——我们的森林。树木因我们生活用品的需要，被一棵棵地砍了下来，做成了各式各样的生活用品——纸、书桌、衣柜……对不起！您的眉毛——我们的草坪。因为我们长时间地践踏，向鲜花伸出的一双双“恶手”，您的眉毛已经寥寥无几。对不起！您的眼睛——我们的泉水，原本清澈见底。可如今您的眼睛上漂着数不胜数的垃圾——

易拉罐、垃圾袋……对不起！您的鼻子——我们的大山，原本里面洋溢着欢声笑语，空气清新。可如今树木已所剩不多。动物们因为我们的活动，比如打猎，所受的惊吓太多，已没有欢声笑语，让您受到寂寞的煎熬。对不起！您的牙齿——我们的石头。因为我们开矿，石头也支离破碎，渐渐地越来越少。对不起！您的耳朵——我们的噪音。原本一个安静的城市，因为汽车的鸣笛，喧闹越来越厉害。对不起！

有千千万万的对不起，我们的恶习，让您面目全非。但请您放心，相信我们会改掉不足，还您一个美丽的脸蛋。

所有的人类

作者为襄阳市新华路小学林佳艺（四年级）

划重点：走题，不只是“审题”的问题

任凭学生懂得了多少审题的道理，训练了多少审题的技巧，写起作文来，走题、跑题、离题、偏题的事情照样会发生，就好像思维进入了一条黑暗的管道，摸索着走啊走啊，直到走出考场，才眼前一黑：写走题了！

有个同学，无论给她什么样的故事，她八成以上都能写成“不经历风雨，难得见彩虹。不经磨难，难得成功”。

就以看过的动画片来说：

白雪公主——被后妈毒晕，经历了磨难，遇到白马王子，获得成功；

丑小鸭——因貌丑不同于众鸭，经历了磨难，成为天鹅，获得成功；

花木兰——女扮男装，经历磨难，得胜回朝，获得成功。

我说：“你就不能往别的方向想一想？白雪公主，表现了真爱无敌；丑小鸭，说明了不要瞧不起自己，要自信；花木兰，证明了女性也能发挥能量，寻找自身的价值……”

她想了想，说：“这都不是主要的，主要的是他们经历过磨难，最后都成功了。”

这真是没有法子可想了。我觉得她走题的原因并非不会审题，而是接受的教育太单一：成功成功成功，万事万物，都拿“成功”这一条去规整，孩子当然很难去分析复杂的世界。

所以，走题并不是简单的技术动作失误，而是思想认识短浅，根本就没有抵达该去的地方。

作文写走题，并不是谣传的零分。

走题的情况很复杂：有题目对，但内容越写越偏的；

有题目完全瞎起，但内容还是沾边的；有写了一半发现走题，结尾找补的；有大部分例子扣题，某个例子走题的；也有一直擦边走，有时扣题，有时跑题的；还有的作文明明就是两篇，硬要拧成一股，其中一个扣题，其中一个跑题的……即使是跑题的作文，也有逻辑和文笔极好，能自圆其说的；也有逻辑不通，文笔不行，最后无法完篇的。

考试中，同是走题的作文，分数差异也是很大的。

十一、进入想象力的门，并找到返回的路

烈日，微风，无尽的原始森林和巍巍的群山，我跟随着一个探险者队伍，正在进入这片亘古未被人踏足的原始森林，忽然，我发现远处露出一角灰灰的屋顶尖角，原来这是一个遗失已久的王国，长长的藤蔓保护着它不被发现……

“我”在这个神秘王国度过了跌宕的人生，经过几番事故，遇到某位公主，打败各种怪物，最后落入海底。

在幽暗中，我看到夺目的光芒，原来是几万年前，一块陨石落下——它由巨型的钻石构成，现在，就静静地躺在海底，等着我的到来……

我面前就有这样的作文本，普通的本子，看起来装不

下长篇小说，但被文文开了一个宏大的头，比七卷本《哈利·波特》的开头还要雄心勃勃，你是表扬他想象力丰富，创作欲强；还是要批评他胡编乱造呢？

我对文文说："你发现了海底巨钻，但是，从发现到发财，还有漫长的一段路走。首先，它是不是钻石？你需要把它切割出一块，带到岸上鉴定。你上岸之后，怎么保证下次来的时候，还能在原来的位置找到这块巨钻？"

文文做思考状，看来得先学学航海和潜水知识。我接着说："鉴定之后，是真的钻石，你得找合伙人一起把钻石弄上岸，这些合伙人是谁？来自何方？怎么遇到的？你要不要对他们保密？怎么能瞒过他们？如果瞒不过他们会怎么样？如果你不找人，自己单干，你选什么工具？到哪里租船？这些钻石会不会引起怀疑？会不会被人盯上？还有，你的钻石存放在什么地方？要不要拿回家？妈妈会不会追问钻石从哪里来的？……"

一个小说家和一个"发财狂想症患者"不同，小说家的故事也许是虚幻荒诞的，但是细节合理清楚，生活逻辑也很严密。另外，最重要的是，小说家在故事的开头，就已经谋划好了结局；狂想症则完全刹不住，不知道故事的出路在哪里。

日本作家村上春树说："想象力谁都有，难的只是接近那个场所。下到那里，找到门，进去又返回则是十分困难的。

我碰巧可以做到……”

孩子看了一些小说，被激发出了创作欲，这很正常。但创作是非常艰苦的，小学生对此没有心理准备，常常一写进去就迷路了，失踪了。既没有能力扩展为长篇，也无办法让这个故事合理结束，结果是有头无尾，半途而废。不仅打击了创作信心，也耽误了功课。

所以我问文文：“这个海底巨钻的故事，你有没有想好怎样结束？”

文文说：“那还是让它沉入海底好啦！”

我觉得这样也挺好。唐僧一行人西天取经，经历九九八十一难，最终还要返回大唐。复杂的故事，让它回到原点，这也是个创作经验。

最后，我对文文说：“你以后有能力，就写成长篇小说；不行了就写成短篇小说；再不行就是小故事，甚至于就写成几句话的梗概——如果你的故事真的好，无论你把它抻长了，抻得特别长；还是缩短了，缩得特别短，都会是一样的好！”

依依上三年级的时候，拿到竞赛作文题目“我的未来我做主”。她兴奋地说要写成“科幻故事”“曲里拐弯”“很长很长”。

我说："那你想好结局了吗？"

她说："想好了。"

我问："那你还要穿越回来吗？"

她说："我写完你就知道了。"

下面就是参赛作文《我的未来我做主》。

我的姑姑是个科学家，在我的生日会上，送给我一个穿越机器。

因为我又长了一岁，他们都要帮我的未来找一个出路。你看，现在他们就在忙着安排了。

妈妈说："我看女儿有点文艺修养，干脆去当钢琴家吧！"

钢琴家之路并不顺利，"我"被观众赶下了台；爸爸又说："我们女儿应该当个运动员，得世界冠军。""我"又来到奥运会赛场——

看台上人山人海，我吓得腿都快抽筋了。发令枪响了，不出所料，我得了最后一名。

这篇作文的结尾是：

姑姑的穿越机器是个好礼物，让我去看一看自己的未来。不过我想：我的未来不需要别人来做主，我自己来做主就可以了。

划重点：作文要以任何形式“发表”一下

学生的好作文，通常的“发表”地点是在教室，发表人是作者自己，拿着自己的作文本，对着同学们朗读出来。读一读，念一念，这是最原始、最简单、最常见的发表方式。

不过，作文写得好的同学，未必读得好。还有些同学，本来是表扬他的文章好，让他读一读，但他常常像挨批评一样，先是扭扭捏捏，百般不情愿；然后声音很小地、语速匆匆地读完；读完还气鼓鼓地坐着，应对同学的评论。

朗读的作文，听过也不容易记住，常常是后面的覆盖了前面的，叙事的覆盖了抒情的，夸张的表演覆盖了朴实的表达……

因为口头和书面不一样，所以，我一般都会用书面的方式让学生们“发表”作文。

正式出版，只有极少的学生能做到；发表到杂志刊物，也只有较少的学生能实现；不过，在同学中“发表”传播一下，这并不难。如果时间充裕，可以打印出来，人手一份；如果时间不够，可以复印出来，张贴一下；时间再不够，可以手机拍照，做成幻灯，投影放一下；时间特别不够，也可以由作者自己上传到网上。总之，现在文字处理很方便，“发表”并不困难。

很多年前，电脑还没有普及，我每周都坚持以刻钢板的方式印发学生的作文。

写作文是个完整流程。先要有生活经历，再加以选择，再构思，写作，发表——这样才完成了作文的流程。如果只是“布置题目，回家作文，打分发还”，那么作文的流程且不说是否正确，至少是没走完。

之所以提这个问题，是因为现在的语文课堂，不知道为什么，常常忙得没有时间“发表”作文了。作文交上去，有的班级还组织学生“读一读”,有的连最简单和原始的“读一读”也不读了，作文成了在老师的办公桌和学生的书包里循环的东西。作文交上去，打个分数，又回到学生手里。这样是不对的。

作文要以任何形式发表一下。不要死循环，最后丧失作文的活力。